# 金牌新员工职场礼仪与职业素养

ETIQUETTE AND QUALITY

靳斓——著

中国经济出版社
CHINA ECONOMIC PUBLISHING HOUSE
·北京·

**图书在版编目（CIP）数据**

金牌新员工职场礼仪与职业素养 / 靳斓著. -- 北京：中国经济出版社，2024.5

ISBN 978 - 7 - 5136 - 7730 - 1

Ⅰ. ①金… Ⅱ. ①靳… Ⅲ. ①心理交往 - 礼仪 ②职业道德 Ⅳ. ① C912.12 ② B822.9

**中国国家版本馆 CIP 数据核字（2024）第 073324 号**

责任编辑　陈　瑞
责任印制　马小宾
封面设计　任燕飞

**出版发行**　中国经济出版社
**印 刷 者**　北京富泰印刷有限责任公司
**经 销 者**　各地新华书店
**开　　本**　710mm × 1000mm　1/16
**印　　张**　17.75
**字　　数**　182 千字
**版　　次**　2024 年 5 月第 1 版
**印　　次**　2024 年 5 月第 1 次
**定　　价**　59.00 元
**广告经营许可证**　京西工商广字第 8179 号

**中国经济出版社**　**网址** http://epc.sinopec.com/epc/　**社址** 北京市东城区安定门外大街 58 号　**邮编** 100011
本版图书如存在印装质量问题，请与本社销售中心联系调换（联系电话：010–57512564）

---

# PREFACE 前　言

相信大部分人的工作机会都来之不易，往往要“过五关斩六将”，外加闯“十八罗汉阵”。我们常常看到，一起入职的同事，几年后的职场路，有的顺风顺水、一路凯歌，有的却徘徊不前甚至黯然出局。其中的差别在哪儿呢？

以下是某名企培训经理跟我说的该单位实例。

单位来的这名新员工学历、资历都不错。然而工作一段时间之后，大家发现这名新员工总是和部门同事、领导闹矛盾，谁都受不了他的行为习惯、作风。

首先是着装问题。单位有明确的着装要求，只有周五可以穿休闲装。而他以“我是新入职的”为由，天天一身休闲装，一只手上就戴了戒指、手表加手串。9点上班，他9点打卡后坐在座位上开始吃早点，吃完早点再刷一会儿手机，半个多小时过去了，才开始进入工作状态。部门的微信工作群发的工作任务，他从不回复；交代的工作完成后，直接甩到群里，也不说话；跟同事说话根本不看人，习惯用指令性、批评性语气；领导交代事项或沟通工作甚至开会时，当面怼领导是常态；跟客户沟通时不注意礼貌，甚至直接责怪批评……久而久之，他和同事、领导关系很糟糕，工作开展屡屡不顺，不久就主动辞职了。

“天下难事，必作于易，天下大事，必作于细。”正是细节造就了差别，决定了成败。对于职场人士来说，职业化的工作态度、仪表形象和言谈举止、和谐圆通的人际关系等职场礼仪内容都属于细节。

礼仪是强者的谋略，智者的远虑。既要把握大方向，也要关注小细节，这是现代职场人应有的素养要求。

一个人的礼仪素养和学历没有必然关系，主要在后天的学习。懂得并遵守职场礼仪的员工，可以更快地建立起和谐的人际关系，使自己的认知和行为主动符合职业化要求、本单位发展的需求，并以高度的责任感，高效地服务于本单位，从而在激烈的职场竞争中脱颖而出，既而获得个人的发展机遇。

实际上，太多的职场新人在这方面缺乏应有的认知和常识，认为“做大事者，不拘小节”。一入职场就坐等大事，不屑小事，漠视细节。需要明确的是，这里“不拘小节”的“小节”并非指细节，而是旁枝末节。比如要做自己不熟悉的文案，可以向同事请教，也可以查资料；认真倾听同事的讲解并向其致谢；认真对待文案的格式、用词、字体、版式等；处理工作过程中不理会私人微信，以便集中精力，这些就属于细节。向同事请教时，或许同事正忙于手头的工作，因被干扰而语气不好，或许在家查资料的过程中耽误了欣赏娱乐节目，这些则属于旁枝末节。

# 前言

某单位主管抱怨，一名新员工入职才三个多月，其他同事对他意见却越来越大。原来，他入职以来，工作期间处理私事的时间越来越多，快递小哥也天天来“看”他。可他业务能力却进步甚微，即使常规工作也频频出错，影响了整个团队。

一位老总说，今年已经换了两名助理。她口头吩咐的工作，过几天去追问进度时，发现助理常会忘记处理。老总说：“为什么不把要处理的工作记录下来呢？如果我也忘了追问，工作不就耽误了吗？”

水滴石穿、绳锯木断，都是持之以恒的细节力量。从小就不屑于“扫一屋”的西楚霸王，纵能“力拔山”，最终只落得个自刎于乌江边的悲剧下场。

俗话说“三十年河东，三十年河西”，改变这一切的，不是滚滚波浪，而是那细小泥沙。同样，职场中改变我们命运的，很大程度上就是这些看似不起眼的职场礼仪、职业素养等细节。

在近20年的礼仪培训中，我发现不少员工的职场礼仪和职业素养令人担忧：心态消极，工作不主动，形象邋遢，同事关系糟糕，对外交往不注重礼仪，办公室礼仪一团糟，在外吃饭时不顾形象，整天满腹牢骚，执行力低下……这些看似不起眼的“小节”，往往成了同事关系紧张、交往对象反感、团队涣散、效率低下等令用人单位头疼的大问题。

所以，新员工学习职场礼仪与职业素养，不是做“人精”，而是了解基本的人情世故、礼貌尊重以及职场举止行为常识，打造良好的职业形象及高度职业化的行为，营造和谐的内外关系等，以提升职业竞争力。这已成为越来越多人力资源专家和单位领导者的共识。

我将新员工职场礼仪与职业素养培训中广受关注的内容分享出来，希望这些内容能助大家在职场中避免不必要的失误或挫折，使大家成为有温度、有风度、有见识，受同事尊重、客户欣赏、领导重视的人！

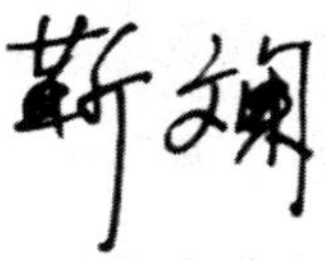

2024 年 2 月于北京

CONTENTS 目 录

# 第一课

# 这样职场人更受欢迎

THE
FIRST LESSON

## 他山之石

导演告诉来面试的舞蹈演员，他需要一名驾驶摩托车穿过燃烧的房子狂奔的女配角。一听导演的要求，来应聘的女孩子们都很失望并纷纷离开，这可不是一般人能完成的！但导演发现有一位女孩子留了下来，并且果断地脱掉了舞鞋。导演奇怪地问她为什么这么做。这位女孩回答：“既然你们需要的不是舞蹈演员，那我就脱掉舞鞋，做你们需要的演员。”

这位女孩，就是后来世界著名的动作明星安吉莉娜·朱莉。其实，从她脱掉舞鞋的这个细节上，我们就可以知道安吉莉娜·朱莉的成功并非偶然：只有随时调整自己，去适应工作、配合工作的人，才可能有最大的发展。

了解职场礼仪，拥有良好职业素养，是各用人单位对员工基本要求的共识，其目的就是培养并塑造职业化的员工。

职业化，就是一种工作状态的规范化、制度化，使自己在合适的时间、地点，用适合的方式，说适合的话，做适合的事。对于新员工来说，首先就是要做好角色转换。

## 做好角色转换

新员工，可能是刚离开校园的学生，也可能是跳槽换了工作的职场人，要经历从学生、社会人到新环境、职业人的角色转变。作为新员工，怎样尽快做好角色转换，进入自己的职场角色？

不要太把自己当回事，迅速转变思想认识，端正态度，以空杯心态进入新环境。不要总把你的毕业院校、曾经担任学生干部、在以前单位是部门的领导等挂在嘴边，既然你已进入一个全新的环境，就应该一切从头开始。只有端正态度，才能在行动上把握正确的前进方向，并尽快被领导和同事认可。

主动了解本单位，包括本单位的基本信息、组织架构、企业文化、人员信息以及业务信息、发展远景等，有关本部门的信息更要着重关注。对于本单位的用工制度、考勤制度、请休假制度、报销制度，都要做到了解并严格遵守。另外，单位的网站或公众号，也应主动浏览了解，本单位所在地理位置及周边环境，也都应该尽快熟悉。

坚持在工作中学习，在学习中不断提高。“工欲善其事，必先利其器。”要不断“充电”，尽快熟悉并掌握履职的知识和办公技能。大多数情况下，这些在学校或以前单位不一定都学过，现在应主动了解学习，而不是坐等别人找你、手把手教你。在实践中不断学习，并及时更新知识储备，提升自己、服务单位，获得职业生涯的发展和突破。

了解并适应、融入所在单位及部门的环境、氛围，在着装打扮、行事风格等方面尽量做到和本单位、部门统一协调；在人际交往方面，尽快融入本部门的团队。

做让人放心的人。即使再简单的工作任务，也要确保按时按要求完成。工作上遇到困难，可以向老职工请教，向领导汇报，绝不能不了了之或甩手不干。只有经手的工作件件有回应、事事有交代，你的努力才不会白费，你的成绩才会被认可——虽然和老员工相比可能还有差距。

一切努力，都是为了尽快适应新环境，缩短磨合期，成为专业的职场人。

# 要有主人翁精神

态度决定行为，行为决定表现，表现决定贡献，贡献决定前途。积极面对工作、面对职业生涯的关键是积极的工作态度。作为一名新员工，首先要有积极的工作态度。职场中，拥有积极的工作态度是做好工作、获得他人认可的重要条件。

《西游记》中，孙悟空虽然从前顽皮不羁，可自从跟随唐僧去西天取经，一路上历尽千辛万苦，即使多次被唐僧误解仍矢志不渝，最终修成正果，被封为“斗战胜佛”，获得几乎和唐僧一样高的地位；而一路上心不在焉的猪八戒，只是得了个“净坛使者”的名号（如图 1–1 所示）。

而主人翁精神，就是重要的工作态度，就是把自己当作本岗位、本单位的主人，与本岗位、本单位同呼吸共命运、尽心尽责的一种态度，而不是“做一天和尚撞一天钟”。

英特尔原总裁安迪·葛洛夫应邀对美国加利福尼亚大学伯克利分校毕业生发表演讲时，提出以下建议：“不管你在哪里工作，都别把自己当成员工，应该把公司看作自己开的。”松下电器创始人松下幸之助也常对员工说：“请打消‘我们是为了领薪水而工作的员工’的观念，而用‘我们是经营这个大行业的主人’的心态来尽心尽力地工作。”

图 1-1　工作态度决定人生高度

不少新员工认为，单位的现在、将来是好是坏跟自己无关，自己只是上好眼前的班，“做一天和尚撞一天钟”而已。

单位就是一个大家庭，每位员工都是这个“家庭”中的一员，一荣俱荣，一损俱损，谁也不能置身事外。只有把自己的精力、能力、热情和“家庭”利益紧密相连，与单位共同进步，才可能有“我”的进步和发展。退一步说，即使几年后“跳槽”，如没有优异的既往工作经历，就是跳到火星也不招人待见。所以，做好当下这个“家庭”的事，是一切的基础。

不管哪个单位，最欣赏的就是把单位的事情当成自己事情的员工。有这样主人翁精神的员工任何时候都敢做敢当，这种员工才是用人单位心目中的优秀员工。

所以，作为一名优秀的新员工，不管以前是学生还是在其他单位任职，只要来到这个单位，都应以主人翁的态度，踏踏实实地做好本职工作，在单位提供的舞台上充分发挥自己的能力和才华。

事实上，不管自己从事什么工作，都是本岗位的主人，肩负着责任和信任：如果你负责财务，单位就把账目完全托付给了你；如果你是研发人员，单位就把科研新成果、新突破的重任全权托付给了你；如果你是销售人员，单位就把一部分市场全权托付给了你；如果你负责人事招聘，单位就把事关企业发展的人才选用工作全权托付给了你。

拥有主人翁精神，才会无法容忍自己能力的不足，不断进取；才可能在工作中满怀激情、乐于奉献。试想，觉得上班只是帮别人做事，“做一天和尚撞一天钟”，这样得过且过的状态没有什么进取心可言，也根本谈不上能给岗位创造多少价值，甚至机会摆在面前也会被消极地看成是障碍。

## 积极并持之以恒

阿里集团的童文红女士，2000年进入阿里做公司前台，之后陆续担任集团行政、客服、人力资源等部门管理工作，后直任阿里集团资深副总裁兼菜鸟网络首席运营官。阿里上市后，她成为庞大的阿里商业帝国9位亿万富豪的女性合伙人之一，再次证明了积极进取和坚持的重要性。她被称为阿里“最励志”的合伙人。童女士认为，如果思想不对、不积极，那么学历再高、能力再强，也不可能成为一名好员工。

初出茅庐，一进单位就只谈眼前利益，关心工作量的多少，盯着什么时候放假……一天到晚在计较，总认为全单位的人都占便宜，就自己吃亏。这样的态度，工作表现怎么可能积极呢？不付出就没有回报，没有回报往往更不愿付出。恶性循环的结果就是自己被淘汰。

工作态度决定人生高度。著名心理学家威廉·詹姆斯认为，世界由两类人组成：一类是心态积极的人，另一类是心态消极的人。后者面对挫折或困难容易灰心丧气，等待他们的往往是痛苦和失败。而前者即使面临恶劣情形仍能以积极乐观的态度，来寻求最好的、最有利的结果，往往能实现最后的成功。

不变的只有变化，任何单位都是如此。心态积极的人会在工作中不断改进和完善自己以适应变化，而不是消极地埋怨或发牢骚。这正是任何单位都需要的。想法决定我们的状态，有什么样的想法，就有什么样的未来。

就像面对加班。一般情况下，需要加班的，往往是紧急而重要的事情。心态积极的员工，此时往往没有怨言，总能尽力做好加班的事情。而心态消极的员工或许会勉强应承下来，但随后牢骚满腹，工作勉强应付，没有什么工作品质可言；更有甚者会直接推诿，因为他们认为这是“分外之事”。

就像跟同事请教。大家都在各自忙碌，向人家请教，人家就要耽误自己的时间来帮你，而且这不一定是他们的责任，特别是在他们工作繁重的时候。当一个程序员集中精力编写程序时就不应去打扰，连一句问候的语言都多余；财务人员核算数据的时候也不应去打扰，否则会影响对方的工作。这时候的打扰，有时难免会令对方有点小情绪。如果你因为人家的一点小情绪就有意见的话，不仅影响同事关系，对你的工作也不利。心态积极的人会把这当作鞭策和动力，加速自己的进步。

积极，还表现在工作主动上，不必事事等人交代、事事由他人手把手地教。对于常规工作，不应等上级安排（制度规定必须如此时除外）或催促才知道去做。工作中遇到问题要主动寻求解决办法，而不是等待老员工或领导“教”。“教”一次可以，“教”两次可以，但类似的工作每次都要“教”，那么设置这个岗位、付出岗位成本的价值在哪儿呢？我们需要自动自发地做好事情，将“要我做”转变成“我要做”，在完成本职工作基础上，在自己的能力和职责范围内，主动分担一些“分外”的事，要求一步做到两步。这种积极主动型的员工，永远都是职场宠儿。

积极，贵在持之以恒。一开始的“积极”很容易，但职场要求的是持之以恒地做好工作，而不是虎头蛇尾。有的人刚入职时表现得事事积极，就像打了鸡血一样，一段时间之后处处不主动，像霜打了的茄子。有一种持久的积极心态，才能有长足的进步，才能获得他人尊重、领导赏识，从而更利于自己的职业生涯。

## 认真且勇于负责

实习生史蒂芬在钢铁公司的工作是打扫卫生。他发现很多矿石并没有得到充分冶炼，还残留着没有被冶炼好的铁。“这会给公司带来很大损失！”于是他找到负责技术的工程师，但工程师自信地说：

“我们的技术世界一流，不可能有这种问题。”直到史蒂芬找到总工程师，这个问题才受到关注：原来是检测的仪器出了问题，导致冶炼不充分。公司事后不但奖励了史蒂芬，而且晋升他为负责技术监督的工程师。

可以说，认真是做好事情的法宝。“世上无难事，只怕有心人”，在“认真”面前，不存在真正的“难事”。只有走心，才能走运。认认真真，一步一个脚印，自然能做好工作。就像盖楼一样，只有每一个环节都认真，才可能盖起固若金汤的大厦，而任何一个环节出现差错，其后果都不堪设想。

一方面，认真就是品质，认真就是全身心地投入。有这样的态度，不管是在工作效率上还是对在新事物的接受能力上，必然都是非常高效的。

另一方面，人非圣贤，孰能无过？工作中难免会出现失误或差错，谁也避免不了。最关键的是我们对于差错或失误的态度：是勇于负责、总结经验，还是固执到底拒不认错，抑或遇难就退？错就是错，不管承不承认，事实就在那儿。很多人好事总抢在前头，不好的事情总想推得干干净净。作为一个有担当的人，在工作中遇到问题，绝不会把时间浪费在找借口上，寻找借口就会缺乏行动，应该勇于承担责任，然后采取积极有效的方式，认真地从根本上解决问题。

认真负责的员工，必然会主动担起自己的责任。这样的人不仅有担当，大家也可以看到他拿得起、放得下的胸怀，这样的人也更容易从失败中吸取教训，从而有利于今后的工作。而不愿负责的人，不管其中的责任是大是小，给人的印象只能是没有胸怀、不敢担当、自私自利。这样的人很难吸取失败的教训，这种性格更容易招致同事、领导的反感，同时也不利于人际关系的和谐。

认真的员工，入职后面对新工作，上手不一定快，但肯定会很用心。在单位的空余时间里会去熟悉工作内容，虚心地向领导、同事请教学习，而不是趁机偷懒。

勇于负责还体现在面对困难任务时敢于承担。对于有难度的任务，大家都退缩，而你的态度是“这个有难度，但我尽最大努力试试”。经过努力之后出色完成，大家都会对你刮目相看；在完成任务的过程中发现能力不足，边学习边继续完成；若确实无法完成，第一时间向领导汇报沟通。这种积极主动、勇于负责的态度正是任何单位都需要的。即便出现差错，领导也会以鼓励为主，而不是批评指责。

勇于负责的人，也会勇于承认错误、知错就改。工作难免失误，仅是事关自己的小问题，赶紧处理好就行。但涉及部门或领导时，就算是低级错误也要第一时间汇报，而不是隐瞒。隐瞒往往带来更大的问题，正所谓越遮越丑。谁都会出现失误，负责地对待自己所犯的错误，体现的正是难得的对工作认真，对单位、对自己勇于负责的态度。

## 谨记做事先做人

三分做事，七分做人。做事是生存之道，做人是立身之本。不懂得怎么做人，怎么能做好事情？对于新员工来说，他人凭什么支持你、帮助你？

做个诚信的人。诚信是为人处世的基本准则，不管大事小事，公事还是私事。和同事、领导或客户交往，不夸海口、不说冲动的话，言而有信、守时守诺等都是诚信的具体表现。

小赵刚入职一个月就被开除了，这缘于他的一次虚假病假。那天是他女朋友生日但也是工作日，他为了陪女朋友逛街，就编了个理由，说是家里老人住院没人陪，他必须请一天假陪床。而这一天小赵所在部门工作任务很重，大家忙得不可开交，直到晚上9点多才忙完。部门领导下午去见客户的路上，赫然发现小赵和女朋友甜蜜地牵着手，一脸幸福地逛街……

总会有些人为了各种额外的利益，钻单位制度的空子而弄虚作假。这样的“聪明”，可恶之处不用言表，即使瞒过一时也终会被大家识破，个人的信誉必将一落千丈，其实就是搬石头走路，砸脚是难免的事。

做个能吃苦的人。“钱多事少离家近”是很多职场新人的心理写照，但在现实中那仅是句广告词而已。很多新人面对工作，习惯挑挑拣拣，只干轻松省事的。工作压力大、工作任务重或者稍有难度，就整天唉声叹气甚至给同事或领导者脸色看。要知道，能够吃苦、服从安排并执行工作任务，是员工基本的素养之一。设置岗位的目的是解决问题，而不是摆设。所谓先苦后甜，一开始的“苦”，是基于对工作不熟悉，经验和技能不足，在你的努力下，过了磨合期自然就“甜”了。

注意维护人际关系。我们知道，一个人事业的成功，80% 是靠人际关系。孟子曰：“天时不如地利，地利不如人和。”工作做得不错，但人际关系不行，即使眼前干得好，也是暂时的，毕竟大多数的工作需要大家的配合才能完成。有良好的人际关系，即使有的工作没处理好，一定程度上也更容易获得宽容和体谅，同事也会主动向你伸出援助之手。毕竟，每个人都有情感倾向，和自己关系好的，工作上更愿意支持和配合。礼敬并体谅他人、尊敬领导、团结同事、听得进不同意见、不计较一时的小得失、不计较他人的说话语气、力所能及地帮助他人，都是维护人际关系的要诀。

低调做人，高调做事。低调，主要指对自己、对待成绩的态度；高调，是严谨、认真的工作态度。初来乍到，对单位各方面都不熟悉，多学、多听、多看是必须做的。人们习惯性地会对生人有警惕心理，如过于招摇，他人这种警惕很容易转变为反感、排斥，而一旦形成这样的印象，很难改变。工作上严谨、认真，做人不招摇、不出风头，更容易被大家接纳。

要自信也要谦虚。自信是做事勇往直前、勇于担责、相信自己能力的一股锐气。谦虚是对现有能力或获得成绩之后不张扬的态度，从而让人消除排斥心理，产生信任感。有的人很聪明、很能干，但总得不到大家的认可，往往就是因为过于张扬，欲望表现得太明显，目的性太强，他人看到的是炫耀、自满和威胁，从而产生反感与戒备。

谨守道德底线。无论如何，那些损害单位利益、有违公德良序甚至国家法律的事，都不应去做，这是事关原则的问题，即使因此能获得特殊利益，也要谨守自己的道德底线。在原则问题上，千万不要自作聪明，以为“神不知鬼不觉”。若要人不知，除非己莫为。事情一旦败露，侮辱了自己的人格尊严不说，还要面临责罚，造成满盘皆输不可收拾的局面。

心怀感恩。常念他人之恩，莫念他人之过。单位在茫茫人海中选择我们，为我们提供就业机会和成长成才的机会，为提升我们的能力，耗费人力、物力和时间，手把手地把我们从职场小白培养成独当一面的职场达人。除此之外，还要不断容忍我们的过错、失误以及由此带来的损失。正是领导的信任与栽培，让我们逐渐走向成熟；同事的宽容与帮助，让我们每天都在进步。所有这一切，都值得我们去感恩。

## 细节造就完美

前几天看到一则网帖，帖主痛斥用人单位的“黑心”，竟为“小事”不录用他。帖主毕业后应聘进入一家企业上班。他上班不到一个月即被主管警告两次，试用期结束未被录用。他说的“小事”，就是三四次有私事要办，每次都是早上到了上班时间才想起来，于是临时向主管通过微信请假；还有几次下午有私事要提前下班，到了要走的时间才跟主管打招呼。没有规矩，怎成方圆？请假不提前申请，单位的工作怎么安排？

“一屋不扫，何以扫天下？”细节看似简单，但这是在一点一滴地积累着最后的成功。一台高速运转的机器，是由各个不同的零部件组成，任何一个零部件残缺或不合格，都有可能在将来造成不可估量的损失。当年震惊世界的美国“哥伦比亚号”和“挑战者号”事件，就是这样的悲剧。

细节决定成败，绝不是海市蜃楼般的口号，再远大的理想，也需要一步一个脚印地付出。当今社会，各行业的竞争日趋激烈，社会分工也日渐明确、细化，对员工的要求标准也在逐步提高，对细节方面的重视程度也越来越深。“千里之堤，溃于蚁穴”，哪怕是再小的细节问题，如果不予以重视，总有一天会被这些琐碎的小事牵绊，导致失败。而重视细节，在方方面面的工作中争取尽善尽美，通过它们不断地锻炼自己的能力并形成习惯的人，久而久之自然能够成为行业的佼佼者。

“责任面前无小事，关注细节更重要。”工作无小事，整个工作是一个完整的体系，没有哪一项工作和环节是没有意义的，只有形成整体才是最完美的体系。成功者都是从小事做起，但他们从不认为自己做的是简单的小事。海尔集团总裁张瑞敏说过：“什么是不简单？把每一件简单的事情做好就是不简单；什么是不平凡？把每一件平凡的事情做好就是不平凡。”

一位人事经理跟我说，有一次招了一名毕业生。结果上班都一个星期了，只看见他坐在自己的座位上上网或刷微信朋友圈，百无聊赖的样子。他说，他看大家在忙，不知道自己该干什么，只好上上网、玩玩微信。居然不懂得主动向同事、向主管请教（如图 1–2 所示）！

平时主管、同事走到他身边说事情，作为职场新人的他，理应赶紧站起来说话，这是基本礼仪。但他却往座椅靠背上一靠，二郎腿一跷……

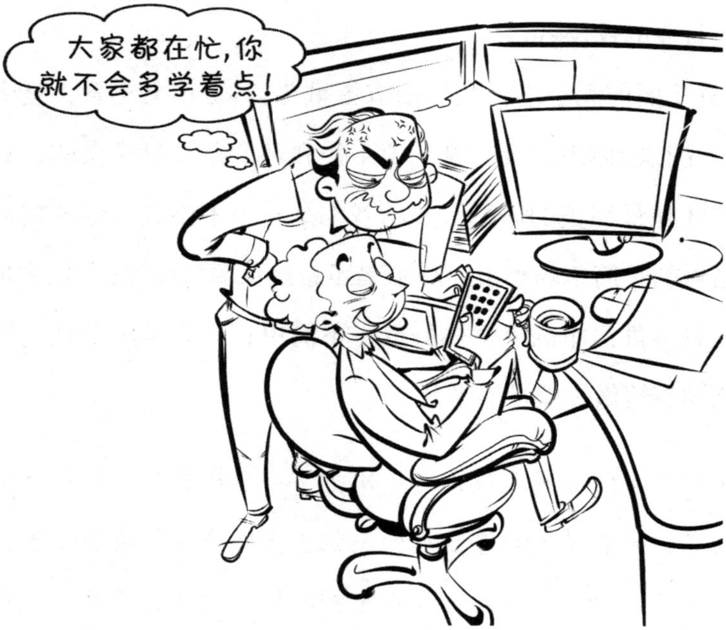


图 1-2　工作时间不应随便玩手机

细节包括诸多方面，如个人的仪表形象、言行举止，在单位内部以及和外单位交往中的行为、高效的沟通艺术，对工作忠于职守等。具体包括：适合场合的着装打扮；工作时间不做私事；进他人房间之前先敲门；和领导、客户沟通完，再确认一下重要事项，特别是有关数据、日期；给领导的报告里，精心预备一份概要供其快速浏览；陪同领导外出时，主动做好协助；空调的温度以客人或者领导舒适为宜；工作中多一些主动，如主动请教、主动汇报；接电话时，结束通话时让对方先挂断电话；出去办事之前确认好要准备的材料；在向外单位交付文件或者物品之前再核查一遍；严格按照工作程序办事，无论是不是有人监督；有事请假应提前申请，工作忙时尽可能不请假。

这样的细节还有很多。重要的原则是，把处理好细节视为做好工作的前提和基础，让自己的言行都与此相适应，从而成为积极、实干、优秀的员工。

## 责任胜于能力

任正非在他新修订的《致新员工书》中讲述了他对华为新员工的忠告：华为的文化是开放的、包容的，是不断吸纳世界上好的文化和管理的。同时他还告诫新员工：没有责任心，缺乏自我批判精神，不善于合作，不能群体奋斗的人，等于丧失了在华为进步的机会，那样你会空耗了宝贵的光阴。

比尔·盖茨有一句名言：人可以不伟大，但不可以没有责任心。责任心是任何优秀员工都必须具备的基本素养。

能力强而责任心差的人，做事的成绩会大打折扣甚至会误事、坏事；责任心强而能力弱的人，可以经过后期的培养和锻炼提高能力。能力是指能胜任某项任务的客观条件，而责任心则是最重要的主观条件之一。

我常在新员工礼仪培训课中告诉大家：我们享受了工作带来的薪金和荣誉，当然也要承担相应的责任和委屈。

对于个体而言，责任是一个人有所成就的不竭动力；对于组织而言，只有每个人的责任汇聚为整个团队的价值，这个组织才能持续发展，才能真正凝聚力量、走向未来。责任要求我们对工作内容、工作权力和工作职责有清晰而深刻的认识，了解自己所从事的工作对实现组织目标的重要性，把实现组织的目标当成自己的目标。

有责任心的员工，即使能力稍有不足，也会凭着这份责任心，自觉地努力学习做好工作；保持不断学习的状态，为现在岗位工作所需，也为将来发展所需。机会就是为这样的员工准备的：注意团队观念，尽可能地和同事处好关系，创造和谐的团队环境；遇事不回避、不推诿，而是让问题的“皮球”止于自己，努力寻找解决问题的办法；遇到有损单位利益的事情时，竭尽全力地补救或挽回；能够倾情投入，不局限于自己的工作职责，心怀全局，有始有终。

知名学者、思想家门肯说过：“人一旦受到责任的驱使，就能创造出奇迹来。”

所以，较之能力来说，今天绝大多数的单位更看重那份可贵的责任。不是说能力不重要，而是责任比能力更重要。一个没有责任感的人，即使拥有再强的能力，也没有哪个单位愿意要。如果没有责任感，我行我素，甚至利用自己的那份能力不顾一切谋私利，对单位乃至对社会的损害都可能是不可估量的。

相反，有强烈责任感，即使个人能力暂时有所欠缺，做事时也会千方百计地去寻求解决问题的方法，直到成功。在这个过程中，能力也就自然而然地锻炼出来了。

责任是一种自觉的行为。只有怀着一份对工作、对单位的责任，才能凝聚自己的所有力量，自发地为单位的发展做出贡献，从而单位发展了，自己也成长了。

在竞争日趋激烈的当今社会，面对频繁的跳槽现象，单位考察一个员工越来越看重其内在品质，宁可培养一名有责任心但能力稍微欠缺的员工，也难以接受一个虽有能力却没责任意识的员工。

## 小提示大道理

进入职场新环境，就不可以再把自己当学生了。少些等待，不要依赖。积极、主动是应有的态度；请教、学习、担当是必需的行为。

# 第二课

# 新员工个人礼仪

THE
SECOND LESSON

## 他山之石

单位对员工的着装要求不严，对着装一向随意的孙健来说，正好乐得轻松。

领导通知包括孙健在内的几名同事周五早上去某五星级酒店参加单位和外企的签约仪式。

孙健和平时一样，穿着运动鞋、牛仔装，高高兴兴地赶到酒店。

领导看到孙健的穿着马上就火了：“今天知道来这儿是干什么吗？”“我没迟到……”领导无奈地说：“你就别进会场了，今天就当放你假。”

孙健错在哪儿？我想大家都知道：穿着。

单位平时没有着装要求，那么日常上班穿得休闲一点儿倒也无所谓。而签约是非常正式、郑重的商务场合，且在高档酒店，穿着理应正式，这是一个职场人应有的基本常识和礼貌。

个人礼仪，无外乎就是一眼能看到的从头到脚的仪表与仪态的问题。个人礼仪生动反映出一个人的品位、教养、阅历，以及对工作和生活的态度，当然也直接影响着外界对自己的主观印象和态度。

## 发型：清洁得体

对于上班族尤其是新员工来说，需要展现的是严谨、积极的工作作风，而不是一味在仪表形象上标新立异、突出个性。

头发要清洁。清洁的头发自然是基本要求。头发不油腻、没有头屑、没有异味，是必须要做到的。夏天出汗较多，更要注意及时清洗。

男士发型。男士一般不烫发，不染夸张的怪异色。一般男士头发的最佳长度是前不遮眉，侧不过耳，后不及衣领。当然，美发、文艺等提倡个性、创意的行业，为彰显个性而留个性发型的除外。一般 20 天左右就应理一次头发。

女士发型。不烫夸张的发式。发型上，虽然现在的要求已经不再那么单一，但无论怎样，都不要做成夸张、另类的发型，如爆炸式。即使染发，一般也不应染过于艳丽的颜色，也不可以挑染得五颜六色。

女性发型可以是盘发，特别是隆重场合，可以束发、齐肩发、短发。但不管哪种发型，刘海都不要遮住眼睛，还要注意不要因为发型而在工作时经常用手拢头发。盘发或束发时，发饰要选择和版型颜色相协调的颜色，款式简洁、大方。个性的发箍、卡通发饰都不宜在工作场合使用。而对于窗口岗位、一线服务类岗位，不提倡披肩散发。

## 男士：面部清爽

某次的企业培训中，企业老总说他在接受他人宴请时，见面后发现：对方的嘴角、下巴明显有不少白花花的死皮！于是面对一桌丰盛的菜肴，他怎么都提不起胃口。这一幕，虽然时隔很久，但仍记忆深刻。

保持面容的清洁是关键。皮肤清洁是面部修饰的关键。根据自己的肤质来选择洁面乳。我们在课堂上问学员面部使用什么清洁用品，有学员开玩笑地说用“雕牌”，希望这只是一句玩笑话。由于肥皂碱性大，不仅不能清洁面容，还容易伤害面部娇嫩的肌肤，导致面部更容易起皮。

像眼部、耳朵、唇部下方、嘴角，都是清洁的重点区域。

饱读诗书，也要保护皮肤。好皮肤是自己永不贬值的时装。皮肤不但要保持干净，还应注意保养，尤其经常外出的人，可以用一些护肤品来保护皮肤。冬天可以用面霜，对皮肤有好处。感觉皮肤干燥的，可以每周贴两次至三次面膜来补水。

耳部清洁也不应被忽视。耳孔里不仅有分泌物，还有灰尘，所以必须经常清洁；如果耳毛较长，需要进行修剪。

如果不是特殊的职业需要、宗教信仰或民族习惯，每天刮净胡须是应有的习惯。鼻毛不需要每天修剪，只要确保没有长长地“飘摇”在鼻孔外就好（如图 2–1 所示）。

## 女士：妆容相宜

在因公往来中，素面朝天并不是值得提倡的行为。

面部肤色比较好的女性，没有对外往来时，可以不化妆。但现代职场，女性淡妆上岗已成为惯例，这也是对对方的尊重。特别是经常和外界接触的岗位，尤其是在参加一些重要活动时，化个淡妆是一种礼貌。

白天工作场合的淡妆，讲究的是自然、淡雅、简洁、适度、庄重、避短。

首先选择一款比自身肤色亮一度的 BB 霜、CC 霜、粉底液或粉底，用化妆绵把粉底快速涂抹均匀，再用粉扑把脸部和颈部做一下过渡，以免“泾渭分明”。

图 2-1 鼻毛应及时修剪

眉毛是平衡脸形最关键的部位，颜色不要太浓，只需用眉粉或眉笔淡淡描出形状即可。

工作淡妆，一般不用假睫毛。可以画上眼线，使眼睛变得更加有神。

用睫毛夹定型睫毛。涂睫毛膏时先横着涂，增强睫毛的浓密度，然后再拉长。下面的睫毛可以用睫毛膏轻刷一两下。

把腮红扫在笑肌位置。圆脸形斜向上扫；长脸形呈圆状扫，再横向扫几下；颧骨高者，扫在笑肌偏下一点的位置。这样处理是用腮红来修正脸形，使脸形从视觉效果上更加完美，也显得面色更加红润，气色好。

唇部涂上唇彩或唇膏，但不能涂得过浓，毕竟白天的工作场合和晚上的社交活动不同。

完成这些步骤之后，一个自然、简单的工作妆就大功告成了。化妆后难免会出现妆容残缺的现象。日常的补妆工具及化妆品有吸油纸、散粉、干湿两用粉饼、唇膏、眼影、眉笔等。粉底或因为长时间出汗而脱落，补妆时先用吸油纸吸去脸上油分，再用干湿两用粉饼或散粉在脸上均匀轻柔拍按，使整体肤色一致。唇膏会在用餐或吃东西后脱落，失去光泽，补妆前先用软纸吸去唇部残留油分，再涂上唇膏。晚上补妆可适当加眼影色和胭脂色。

补妆应避开他人，可以在无人的角落或洗手间操作。我们中国人认为当众补妆是不礼貌的行为，欧美国家甚至把当众补妆看成是“黄色娘子军”的标志性举动（如图 2–2 所示）。

图 2-2　当众补妆不礼貌

## 穿统一工服讲究多

“穿衣戴帽，各有所好。”但职场着装不能全凭“所好”，穿什么、怎么穿都有一定讲究。有些单位是统一的工服或制服。这种情况下要注意三个细节。

（1）整齐清洁。工服不一定能做到百分百合身，但穿的时候必须注意整齐，内衣不外露，不掉扣、漏扣。配有领带或丝巾（女士）的时候，和衬衫领口吻合紧凑并系好。工服脱下后应挂起来，以保证上衣平整、裤线挺直。做到定期熨烫，确保版型的挺括。若工服为长袖、长裤的，工作中不应卷挽；上衣是衬衫的，根据着装要求，把长款衬衫下摆全部塞进裤腰内，或全部放在裤腰外（休闲款衬衫或短款衬衫）。做到无污垢、无异味。

（2）注意搭配。必须尊重工服的既有样式和搭配要求，搭配其他版型时，不影响工服的版型和风格。

（3）按规定着装。有些一线岗位员工和机器设备打交道，衣服上的扣子、拉链都应扣上、拉好，确保安全和规范。

## 自己搭配应这样穿

单位新来一位女神级员工菲菲。办公室的几位单身小伙子高兴没多久，就开始郁闷了。原来，菲菲天天穿吊带装、超短裙来上班。

几个小伙子都不好意思和她面对面坐。当她做出弯腰、下蹲的动作时，小伙子们只好别扭地把脸转向一边。时间一长，大家感觉吃不消，有被骚扰的感觉。而领导也几次在职工大会上暗示某些女员工着装不得体。

不少单位既没有工服，对着装又没有明确要求，但这并不意味着员工在穿着方面有了任性的借口。职场就该有职场的样子，着装要符合职场的礼仪，这也是对职业的敬畏。

**男士着装**

一般来说，工作场合商务人员的基本穿着要求是：不穿牛仔装、运动装（生产、销售牛仔装或运动装的企业除外）、背心、短裤、乞丐裤、带状凉鞋、沙滩鞋、拖鞋等。

很多单位都提倡穿西装，穿西装也被认为是尊重商务规则的表现。

西装上衣选单色的单排扣西装，藏蓝色、灰色或棕色都可以。西装上衣另配西裤时，西裤的质地应和上衣接近，颜色接近或深于西装上衣。西装上衣的最佳长度，是手臂向前伸直的时候，衬衫袖子能露出 1~2 厘米。单排扣西装，最下面那粒扣子不系。西装内侧胸袋放轻薄物品，外侧下方口袋不应放物品。

西裤裤长以盖住鞋面、不露出袜子为宜。忌挽、卷西装衣袖或西裤裤筒。西装裤子侧面的口袋只放不影响裤形的小件、轻便物品，最好不放物品，而后侧口袋不应放物品。

搭配西装的衬衫首选白色，也可以是蓝色、米白、淡绿等颜色。一般不应有图案，细小的几何图形除外。

除非在自己单位，否则长袖衬衫不宜外穿，休闲衬衫除外。短袖衬衫作为半休闲式衬衫，可以外穿。单穿衬衫，衬衫口袋不装影响衬衫版型的物品。不打领带时解开衬衫领扣。在工作的正式场合，天气再热也不应撸、卷衬衫袖管。

皮带一般应是黑色皮质，但穿棕色皮鞋时可以用棕色皮带。皮带的长度在系好后，尾端应介于第一个和第二个裤袢之间，正好被皮带的固定环卡住。皮带头要求简洁，应是自动扣。

和西装配套的鞋子，只能选深色、单色皮鞋。黑色牛皮鞋和西装最搭配，棕色也可以选择。

系带皮鞋是非常正规的选择，三截头皮鞋最正式。平时可选船形皮鞋、皮面带有小透气孔的皮鞋。

袜子一般是深色、单色，以黑、深灰、深蓝色为宜。

出席重要场合，如签约、招待会、发布会、重要会议，参与会见重要人士等，都应穿着正式，也就是穿着西装、衬衫、领带、系带皮鞋或三截头皮鞋。

**女士着装**

女士在工作场合裤装、裙装都能穿，但不宜穿紧身裤（上衣很短时）、超短裤。而在签约、接待、参加发布会和重要会议、拜会重要人士等正式场合，尽量穿着正式。

套裙是工作场合的首选。套裙即上衣是女式西装，下衣是裙子。穿两件套的裙装，上衣和裙子可以是一色，也可以采用上浅下深或上深下浅两种不同的颜色。穿同色套裙，可以用不同色的衬衫、领花、丝巾、胸针、围巾等饰品来点缀。同时，套裙的主要色彩不应超过两种，其主体图案不宜为大型花卉、宠物、人物等。裙子不能短于膝盖以上 10 厘米。穿连衣裙，裙子应有袖子，无袖需有领或外搭西服等小衫。穿吊带式连衣裙，应外加西服上衣或者外搭开衫。

肉色、黑色、浅灰色、浅棕色等单色袜，一般和同色裙子搭配穿着，其中肉色袜是最常规选择，可以和所有颜色的裙子搭配。穿裙子不外露袜口，并且网眼、镂空或印有异色图案的丝袜不宜与正装搭配。

工作场合的鞋，可以是黑皮鞋或和裤子、裙装颜色相搭配的高跟或半高跟的船式皮鞋或盖式皮鞋，前不露趾、后不露脚跟的皮凉鞋是其次的选择，这些都是职场规范的皮鞋。没有严格要求时，平时也可以穿凉鞋（穿凉鞋时不穿袜子，并且不配西裤）、皮靴等。但在接待、拜访、宴请、会议、签约、仪式等正式场合，应穿规范的皮鞋。

工作场合不穿超短裤、超短裙及颜色过艳、款式过奇、过小或过露的版型。避免内衣外现，不穿吊带装、拖鞋、鞋跟过高的鞋、钉金属鞋掌的鞋（如图 2–3 所示）。

图 2-3　女士工作场合着装不能太省布料

## 特殊着装要求

有些单位，鉴于行业或岗位的特殊性，不宜用普通的商务礼仪着装惯例来统一要求，而是有其特殊要求。

当制服只是外面的一件白大褂时，白大褂里面的穿着搭配就不重要了，只要系好白大褂的扣子，并保持白大褂的清洁就好。

而像一些科研院所、机关单位、事业单位，IT企业或其他对着装要求宽松的单位，还有极少有对外接待、对外交往工作的部门，着装要求当然可以相对宽松些，只要避免禁忌就行。

比如：不穿有破洞的衣服，不管是不是为了时尚或个性；不穿奇装异服，不穿拖鞋（因行业的特殊性而有自己的要求时除外）、热裤上班；上衣、下衣的主色调不宜是对比反差大的颜色（如上衣主色是红，下衣主色是绿）；女士不穿超短裙、超短裤、大网格状丝袜，不穿短小紧、薄透露的衣服……

当然，有接待、会谈等正式的对外往来活动时，还是应穿着正式些。

## 清洁卫生不是小事

小孙还没过试用期，就被辞退了。小孙的技术水平在新员工中是最好的，但在个人卫生方面实在让人不敢恭维。头发一般四五天才洗一次，腻嗒嗒的，而且头皮屑“很丰富”。好几个手指的指甲长长的，也不注意面部皮肤保养，脸上经常起皮。工服的衣领、袖口穿成明显的酱色才换洗。入职不到两个月的时间，被客户投诉好几次。但他觉得这些都无所谓，有过硬的技术就行了。用领导的话说：技术不好可以慢慢培养，但这样不注意个人形象又不悔改，技术再好也有损公司形象！

良好的个人卫生是对一个人的精神面貌和修养的起码要求之一。无论是谁都难以忍受交往对象的个人卫生问题。

身体清洁，首先应做到“三勤”，即勤洗澡、勤换衣裤、勤漱口。或许有些人觉得太小儿科，或者不习惯，嫌麻烦，特别是有些男士。但作为上班族就必须做到，这是对职业的尊重、对他人的起码礼貌。

眼、耳、鼻的清洁，前面已经介绍过，这里不再重复。

说话时牙齿最引人注目。需要注意牙齿清洁，养成饭后漱口、照镜子的习惯，确保说话时无异味、牙齿上看不到异物。

说话时，牙齿上沾着饭粒或者菜叶、辣椒皮、花椒壳，让人看了感觉很不舒服。我甚至见过有人在和我说话的时候，从嘴里蹦出一小块虾皮，我立刻明白：伙食不错；他马上知道：自己太失礼了。我们应避免给他人留下这样的尴尬印象（如图 2–4 所示）。

图 2-4　随时保持牙齿清洁

不留长指甲。男士的指甲，从手心方向看，以看不到指甲为宜；女士从手心方向看，长度在四毫米以内为宜。女士可以涂透明、淡雅或和肤色接近的指甲油，不应再做其他异色或夸张的修饰，美肤美甲店的员工除外。另外，从事食品、药品或护理行业的人不涂甲油，不做美甲。

## 有异味处处都变味

在工作场合，应是健康、有朝气的形象，避免口腔异味。避免口腔异味必须注意口腔的清洁，正所谓“有口气处处受气”。工作时间，上班前或中午应避免吃生葱、生蒜、韭菜等带有强烈刺激性气味的食物。不小心吃了，通过喷口腔清新剂、嚼茶叶、嚼口香糖等方式都可以去除口腔异味。平时注意呵护牙齿，牙龈炎、吸烟等都会引起口腔异味。

在感知到要有身体“尾气”排出时，尽可能离开人群解决。觉察到他人排出的“尾气”，最礼貌的方式是当作什么都没发生。实在不行，不露声色地暂离也是没办法的办法。

有脚气的人，脚部容易产生难闻气味，应尽可能地避免脱鞋，这是公德问题。平时应经常清洗袜子、晾晒鞋子。

身体有异味的，如狐臭、汗臭，可以用淡雅的香水来遮掩。先把香水喷在一只手的手腕上，把两只手腕对压几下后，再从手腕移到耳后，然后擦在耳下颈动脉及其他脉搏跳动处，也可以是手肘、膝盖内侧等地方，或者用无名指蘸上香水在各个需要涂抹的地方按压两下。

避免异味的方法，还有注意勤换衣服，特别是内衣。

## 着装清洁事关尊严

不少人认为工服不是自己的衣服，就是上班时间穿上做个样子，干不干净无所谓。其实，衣贵洁不贵华。有位企业老总告诉我，他们选合作单位的一个重要细节，就是注意观察对方员工的工服是否干净、整洁。他认为，公司员工不注意自己的个人卫生，要么员工素质太差，要么公司管理无方。无论哪个原因，这样的单位都不值得信赖。

出现在因公交往的场合，不管是工服还是自由着装，保持清洁是最起码的要求，这既是一个员工的个人面子，也是一个单位的形象尊严。表面能看到的部分，外套及里面搭配的版型都是如此。清洁不仅包括干净、没有明显污垢，还包括整洁。最好的要求应该是保持服装本来应有的版型，这不仅限于版型，还有配套的配饰，如领带、丝巾、鞋袜、包。只要不是遇到极端情况，在单位或因公交往者面前，着装都应保持清洁，这与单位有没有规定无关。

我见过不少学员，因为第二天要和客户见面，才在着装上有所注意。而平时上班，衣服穿到“惨不忍睹”也懒得换。万一临时有客户来，是有意让客户看到你“生活化”的一面吗?

另外，无论是在单位上班，还是因公交往，都应保持鞋面清洁无污垢。

## 戴首饰的四条原则

我曾在学员中做过调查，发现很多学员都对乱戴首饰、配饰的人比较反感。如果初次见面的男士脖子上挂着一根粗粗的金项链，你是什么感觉？还有人在工作中左手戴着玉镯、戒指，右手戴着手链……不是说这些不能戴，而是在工作中，不得体的饰品佩戴会显得个性过于张扬，与严谨的职场形象不相符。

我们在工作场合戴首饰，需要遵守四条原则。

以少为好，或干脆不戴。戴的话，全身不超过三种。

戴两件或两件以上的首饰，色彩、质地尽可能一致。如戴了铂金项链，在戴戒指时，戒指应该选铂金或至少是颜色类似的金属质地的。

适当低调。作为新员工，即使是“潜伏”的富二代，工作场合也不应戴高档首饰，如吸引人眼球的珠宝、超大的钻石类首饰，以及粗的金项链。特别是销售类或接待岗位的员工，戴得珠光宝气，要么让客人自惭形秽，不愿和你接触；要么客人觉得你们的价格太虚、利润太高。工作时间适合戴做工精良的黄金、铂金首饰，少数民族地区可以戴简单的民族饰品；而在穿晚礼服时可以戴亮闪闪的宝石或钻石首饰。休闲时间适合戴个性化或民族风格的首饰。

扬长避短。选择饰品，应正视自身特点，使首饰为自己避短、扬长，避免他人过多地关注到自己不完美的部位。脖颈上有赘肉和褶皱的女士，不适合戴具有个性色彩的项链；耳部轮廓不太好的，忌戴过于夸张的耳坠；手指欠修长丰润的，不戴镶有艳丽和惹眼的宝石或珍珠的戒指。圆脸女士戴大圆耳环，会显得脸更圆，而戴眼镜的女士再这样戴，给人感觉就像奥迪车的车标一样，怎么看都雅致不起来（如图 2-5 所示）。

## 戴饰品应扬长避短

戒指。除非戴装饰性戒指，否则应了解戒指寓意：食指表示求爱或求婚；中指表示正在热恋中；无名指表示已婚；小拇指表示是单身或独身主义者。戒指的粗细，应该和手指的粗细成正比。工作场合，一只手上不应戴两枚及以上的戒指。工作时间不戴造型夸张、另类的装饰性戒指。

图 2–5　饰品搭配注意扬长避短

项链。应和链坠在整体上协调一致，不戴怪异或令人误解的图形、文字的链坠，也不要同时使用多个链坠。男士戴的项链一般不应主动外露。项链的粗细和脖子的粗细成正比，但即使脖子较粗，也不应戴太粗的金项链，否则容易让人产生炫富甚至品位不高的误解。

耳饰。如果不是从事艺术或创意行业，仅限女士（涉及民族习俗时除外）成对使用。作为职业女性，小耳坠、耳钉、耳包更合适工作场合佩戴。耳坠不应复杂，那种挂了一大串、像风铃似的耳坠，不适合在工作场合戴。大耳环也不提倡在上班时间戴。

手表。工作场合戴的手表，造型应庄重、大方，避免怪异。一般正圆形、正方形、长方形、椭圆形和菱形手表适合佩戴，颜色上选择单色或双色，色彩清晰、高雅，黑色最理想。除数字、商标、厂名、品牌外，手表上不应再出现其他图案。而怀表、广告表、卡通表等，则不适合上班时间戴。

## 得体仪态就是好气场

我们往往对“站没站相、坐没坐相”，或用食指指着他人说话者难以容忍，觉得这样的人实在是没素质。这是因为仪态往往能客观地传达出一个人的综合素养和思想感情。

## 目光：明眸不乱睐

一般交往中，目光集中在对方面部区域就好。而初次交往，最好把注视区域集中在以两眼为底线、额中为顶点形成的三角区。对方头顶及胸部以下都是注视禁区，特别是异性之间。和对方目光接触的时间占相处总时间的 1/3 左右较适宜，每次看对方眼睛三秒左右感觉最自然。

初次见面，向对方问候、致意、道别等，用柔和的目光注视对方，同时面带微笑，以示友好、礼貌和善意。

交谈时，听者多注视说者，经常保持目光的接触。长时间回避对方目光、左顾右盼、直勾勾地盯着、上下打量、用余光看人、长久注视异性等都是非常失礼的表现。

同时和多人沟通，可以用环视再点视的方法表示对在场所有人的真诚和一视同仁。

当双方都沉默不语，应该把目光移开；他人说错话或拘谨时，避免正视对方，以免尴尬。

## 手势：自然是首要

手势即手部的姿势。首先讲究自然，然后才是优雅、得体。我们不必像戏曲表演者那样专业，但也应做到看着舒服、自然、有修养，而不是做作或粗鲁。接待指引，站在被指引物品或道路的旁边，自己面对指引对象，手臂自然伸出，五指并拢，掌心斜向上，手背和地面约呈 45 度，指向所要指引的方向。以肘部为轴，朝一定方向伸出手臂。指示道路方向的时候，手的高度大约齐腰；指示物品的时候，手的高度根据物品来定，手背、手掌呈直线就可以了。无论指人还是指物，都不应用一根手指。

为他人作介绍，站在两位被介绍者中间，用刚才介绍的手势。当把 A 介绍给 B 时，右手指向 A，面朝 B；而把 B 介绍给 A 时，右手指向 B，面朝 A。给他人作介绍时，手势应齐胸高度。

无论是递物还是接物，条件允许时，最好用双手，至少用右手。

**坐姿：怎样才端庄**

男士膝部可以适当分开，其宽度不超过肩宽；身体不能半躺在椅子或沙发上。

女士腿脚并拢，双腿垂直于地面或者向左右侧放，或者一脚前一脚后。

坐下后，一般坐椅面的 2/3 左右比较得体。说话的时候上身应朝向对方。

**禁忌：这些不可有**

手势。用食指指人或指示方向，用手指指自己鼻尖，说话时手插口袋，对着他人竖中指，或者说话时双手过多地舞动，等等（如图 2–6 所示）。

坐姿。转晃座椅，脚跷得老高，抖腿晃脚，双腿直伸出去以鞋底示人或挑着脚尖指向他人，把手夹在腿间，男士双膝分得超过肩宽，女士双膝没有并拢等。

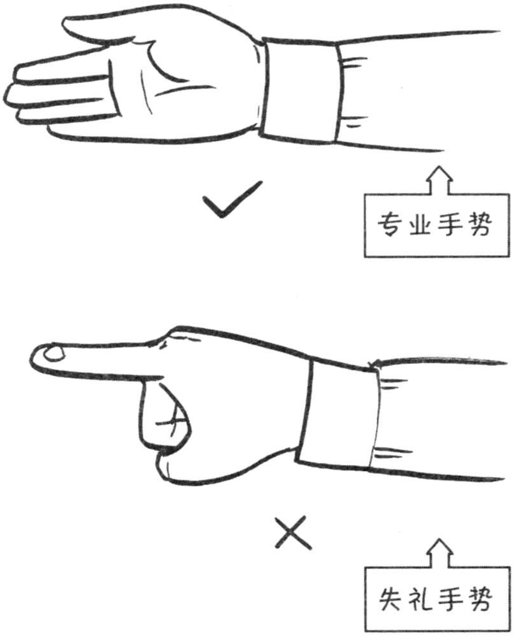


图 2-6　注意用规范手势

站姿。耸肩、含胸、驼背、屈腿、双腿大大地叉开、趴伏倚靠、抖腿、手插口袋、双手平端或抱在胸前而站。

走姿。蹭着地走，耷拉眼皮或低着头，弯腰弓背，身体上下摆动，呈明显的外八字脚或内八字脚走路，多人在狭窄的路上并排慢慢走等。

蹲姿。不分场合地下蹲，蹲时臀部向上撅起，女士两腿分开下蹲。

## 公共场所礼仪

有修养、有风度的新员工，即使在公共场所也应注意约束举止，讲究文明。

**乘电梯礼仪**

公共场合乘电梯，先下后上是必须的。和年长者、领导、客人同乘电梯时，如果是无人驾驶电梯，讲究先进后出。自己先进，以方便控制电梯，进去之后，按住开门按钮，等年长者、领导、客人进入后先按楼层按钮，然后再按关门按钮；出去的时候按住开门按钮，请年长者、领导或客人先出。如果是有人驾驶的电梯，要后进后出。同行时，主人要为客人开电梯，下属应为上级开电梯。

不要站在电梯门口挡住别人进出，也要避免与他人面对面站立，尤其是异性。在电梯拥挤时，一旦电梯门开启，站在最外面的未到楼层者应主动让开，以方便里面的人出来。

当电梯人数超载，自己又是最后进的人，应主动下来，陪同来访者同乘电梯时除外。当有人驾驶电梯时，应主动告诉其目的楼层；乘坐自动电梯，拥挤且离电梯按钮较远时，应礼貌地请人代按楼层按钮。快到目的楼层时，提前站在电梯门旁，不应等电梯门打开时再匆匆忙忙往外挤。

如果乘坐自动扶梯，则应遵循“右侧站立，左侧急行”的原则。

**坐小轿车礼仪**

工作中当和客人、女士、长者同乘车，应协助他们上下车，并为其开车门。等客人坐好后关上门，主人再从后左侧门上车。

尽可能地少和司机说话，以保证他们集中精力开车。

乘车时，很多人只注意到了车内的卫生，而把吃完饭的餐盒、饮料瓶统统直接往车外扔，这种行为不仅不道德，还会给后面的车辆带来安全隐患。

上车时最忌讳头先钻进去，给人一种“狼狈逃窜”的感觉；下车时也忌讳先伸出头（如图 2–7 所示）。下车前应注意观察后方是否有车辆驶来，确保安全再开门，避免“开门杀”。

图 2-7 上车不宜先钻头

不可以向车窗外扔杂物，这不仅是公德问题，也是安全问题。

**乘火车礼仪**

有序进入车厢找到自己的座位并放好行李。较大行李放在行李架上或车厢两头放行李箱的位置处，不应放在过道妨碍他人。

坐下时可以向旁边的乘客点头示意。如果对方没有想和你聊天的意思，不要再去打扰。

在座位上不要把脚放到对面座位靠背上，即使对面座位没有人，也要考虑你的脚味是否会影响他人。

可调节的座椅想调节时，应先和后面的人打招呼，尽量不要调得太低，以免影响后座乘客。

有吸烟习惯的人，到列车的吸烟区或两节车厢间的过道去吸。对于全面禁烟的火车，只能忍了。

上下卧铺的时候，尽可能轻一点，不要影响他人休息。

播放音乐、电影，特别是休息时间播放时，应该戴上耳机。

餐车座位有限，为方便其他人就餐，应尽可能节省时间，用餐完毕即刻离开。

不随地吐痰，果皮纸屑、废弃物品统一放进垃圾袋。

如购买的无座票，可以找空座坐下，一旦有人凭票“认座”，应无条件离开。在自媒体如此普及的今天，任何无礼的行为，都有可能让你成为尴尬的“网红”。

**乘坐飞机礼仪**

带齐证件，保证充足的时间到机场办理登机手续。如有液体物品或要办托运，到机场时间还应再提前一点。

现在可以通过手机App软件提前办值机、选座，又方便了很多。

机舱内通风不好，所以不要在登机前过多使用香水。

登机后，要把随身携带的手提箱、衣物等整齐、安全地放进上方的行李舱中。起飞前空乘人员检查行李是否放好时，应积极配合。在座位上坐好后，系好安全带，等待起飞。可以向身边乘客点头示意，感觉对方没有想和你聊天的意思，点头示意之后就不要再打扰对方了。不想被打扰时，可以说："对不起，我想休息一下。"

在飞机上要服从空乘人员的安排和指挥，不能无理取闹，更不应提出不合理要求。应及时关闭手机网络。

飞机上两排座椅之间的距离通常比较狭窄，如果想把座椅靠背向后放，要先和后面的人打声招呼，看看后面的人是否方便。进餐时要将座椅靠背调直。

保持卫生间清洁。占用卫生间的时间不要过长，不要在卫生间内没完没了地梳妆。

在飞机完全停稳前不要快速站起，这样很不安全，等信号灯熄灭后再解开安全带。

不管是电梯里，还是火车车厢或飞机上，都应自觉控制音量，包括说话声、电话声、视频或语音播放声等。公共场所考虑到他人感受就是尊重他人，更是尊重自己。

**洗手间礼仪**

如果希望用到清洁的洗手间，必须从我做起，一定要照顾到他人的感受。向墙面或地上吐痰是不礼貌的行为。每次用完马桶后都要放水冲洗干净再走，手纸扔进纸篓，这是常识问题。

开关洗手间门时，禁止用脚踢。使用时锁门是必须的，在保护自己隐私的同时，也避免他人尴尬。

有些人即使在洗手间遇到熟人也会热情地寒暄，有时候还习惯性地问上一句："吃了吗？"往往让对方点头、摇头都不是。洗手间是应急的地方，不是交际场合，不必过多客套（如图 2-8 所示）。

洗好手后，即使没有烘手机，也不能在洗手后一边走路一边挥动双手，甚至把湿湿的双手直接按在自己裤子的臀部位置擦干并留下手印。

公共场所，还有哪些要注意的呢？比如公共场合移动椅子时，尽可能搬起来而不是直接拖动，避免造成很大动静或刺耳的声音；在较窄的路上，避免几个人并行，以免影响其他人通过；进电梯、进门，身后还有其他人时，应按住电梯门或拉着门待后面的人进来；当你准备进门或电梯，看见前面的人拉着门或按住电梯门等着你时，应加快脚步并表达谢意。

图 2-8　卫生间不宜过多客套

## 小提示大道理

新买的西装上衣，首先要拆掉缝制在衣袖上的商标。正式商务往来中，即使再帅，只要不是坐着，都应系好西装上衣的扣子，而不是敞开。

# 第三课

# 新员工办公礼仪

THE
THIRD LESSON

## 他山之石

小杨和领导一起送客户张处长去机场。小杨记得领导的交代：道别的时候可不能像以前那样一声不吭。临近道别，小杨赶紧说：“张处长，后会有期。祝您一路顺风……”话刚说完，小杨发现领导和张处长都有些不悦。他以为两位领导因道别而伤感。回单位后，小杨把这件事告诉同事后才知道，“一路顺风”听起来虽好，但不是处处都适合说。比如“顺风”对乘坐飞机来说，不一定是好事。所以在送机时“一路顺风”是不受欢迎的语言。

新入职场，内外交往中不管是说话还是做事，都必须了解相应规则和惯例，让好心不办坏事，不被人看成“菜鸟”。

办公，不仅是针对本单位内部，也有对外的迎来送往。工作中自己的举止言行，事关对外关系和单位的精神面貌。

## 工作环境共同维护

某家成立一年多的版型厂，其生产的衬衫质地优良，款式新颖，再加上利用网络平台之后，销量很好，很快就吸引了一位知名外商来洽谈订货。这位外商走进车间一看：棉花、布料遍地都是，从楼上到楼下，垃圾异味四起，不少设备上还布满厚厚的灰尘，产品上缠绕着沾满灰尘的破布条，成品东一件西一件，杂乱无章地堆放着……外商大失所望，掉头就走。这家版型厂也只是昙花一现，很快在激烈的市场竞争中因不断出现质量及售后问题而失利。

诸如此类的新闻，各类媒体也披露过很多：一口痰吓跑一个外商，企业老总一次出言不逊导致500万元的退货……足以说明，一流产品也要有一流的企业环境，包括硬件环境、人文环境。这样才可能做出一流的、具有持久竞争力的产品。

即使是机关办公室、科研院所，要有一流的工作效率、和谐的工作氛围，同样也要有一流的工作环境。

办公环境是人文环境的基础。维护办公环境，看似是小问题，实际上体现的却是一个人对工作的态度。同时，整洁、规范的环境，也更利于身心舒畅、高效地工作。前几年很热门的“5S”或“6S”培训，其中的重要内容之一就是工作环境的问题，做到整洁、干净、物品摆放规范等。

自己的桌面必须整洁，工作时间不放除手机、台历、水杯之外的其他私人物品。

每一种办公用品或文件，最好放在固定地方，使用后放回原位，这样在下次使用时就能快速找到。水杯也应放在固定的地方，最大限度避免因乱放而碰倒水杯弄湿文件的现象。把太长的或暂时不用的电源线、数据线、耳机线等用绝缘短线或魔术贴扎带捆好，不用的可以捆好放进盒子里。

用过的材料、文件归档或分类存放。桌面上摆放的文件或材料，应该是正要处理的，而不是若干天前处理过的或几天后要处理的。下班后，桌面文件、物品必须收起来，而保密文件、重要文件入柜上锁，桌面没有除水杯、台历之外的其他物品。

不踢门、不踢墙，不在墙上或门窗上写、画。我见过有些单位的墙上或门上甚至有鞋印，这样的办公环境给人的感觉较差。

尽可能不在办公室里用餐（本单位明确允许的除外）、不在有电脑的办公桌上吃容易掉碎屑或有汤汁的东西，雨雪天尽可能将鞋底处理干净后再进办公室并放好雨具，不随地或在大庭广众之下吐痰、不直接往垃圾桶里吐痰，不在非指定地点吸烟、地上有纸屑等可拾垃圾主动捡起来扔进垃圾桶、坐过的座椅归位……这些都是看起来不起眼的小事，却能客观地反映出一个人的素养及对工作、对单位的态度。

在管理规范、工作高效的单位，往往没有噪声。这是因为所有人都忙于手头的工作，同时又顾及他人。所以无论接打电话、使用办公设备，或说话、走路，还是取物放物，都不应制造噪声，并尽可能降低声音，避免惊扰其他同事。让人反感甚至恶心的声音，应该去没有人的场所或卫生间解决，如擤鼻涕、吐痰。

在洗手间，有些人只图自己省事，直接把茶梗、头发随手丢进洗手池冲进下水道，然后下水道被堵塞，大家都不方便，这是非常欠妥的行为。而在用洗手间时一定要顾及他人感受，用后冲水，纸进纸篓，用手开关门而不是用脚，都是基本素质要求。洗手后，擦一下被自己弄湿的洗手池台面，用纸把手擦干或用烘干机烘干，而不是乱甩或用衣服擦。

## 珍惜办公物品不是小节

文明使用办公设备，至少不要人为破坏。就像打印机、复印机或扫描仪等，如在使用前有布覆盖时，使用后仍应盖上。出现故障自己处理不了时，及时反馈修理，不应该装作不知道。

使用单位的公车，应该和自家车一样爱惜。

注意节约办公能耗，不做无谓的浪费。仅供本单位内部使用的普通资料，如单位允许，纸张可以正反面使用，“双面用，不丢份儿”。

爱护办公物品还包括不公物私用。曾有单位跟我反馈过，有的员工爱喝咖啡，但又懒得洗杯子，于是就拿单位待客用的一次性纸杯冲咖啡喝，喝完咖啡就把杯子扔掉，“很方便”，但无端浪费了公共财产。

养成最后一个离开房间时，随手关好门窗并关闭电源的习惯。接待时如使用水杯，接待结束后将未用的一次性杯子放到指定地方，用过的瓷杯或玻璃杯清洗后放回原位。

长时间不用电脑，启用“待机”模式。关电脑时除了关主机，显示器也应关掉。关机后，电源插头一并拔下。

夏天的空调温度在26℃～27℃，人体舒服、健康，也最节能。自来水，能用小水就不用大水，用过之后随手关好水龙头。节约用水，人人有责。

珍惜办公物品，绝不是可有可无的小节。

## 这些职场习惯不可有

某单位领导跟我讲，他们发现居然有人把单位办公用的日常消耗品带回家，甚至卫生间手纸也一次撕很多装回家。或许大家身边就有这样的人：一起外出消费时从不“出血”。这些不起眼的小习惯，让人非常反感甚至鄙视，这样的人怎能有良好的人际关系？

办公室是个特殊的环境，大家因共事而相聚。在这样的环境中，大家更容易对他人的行为敏感、在意。如果不注意避免不良习惯，很容易影响单位的人文环境，甚至影响自己和同事关系。

**不注意职场文明**

身在职场，必须注意我们的举止、语言文明。

在单位的办公空间遇到来宾，应该主动微笑点头致意，特别是“狭路相逢”时，除了主动致意还应该做到礼让客人而非“勇者胜”。有的人进出他人办公室从不敲门，就连轻咳几声提醒都不愿意；有的人在和别人说话的时候不坐椅子、凳子，而是坐到办公桌上；还有的人起身离座时，从没有把椅子放回原位的习惯。

某企业老总说，他们单位有的员工进领导办公室竟然不知道敲门。有好几回他正在办公室低头思考工作，一抬头发现一个人站在面前，吓了一跳。这样的情况，我在十多年的礼仪培训中不是第一次听到。进他人办公室时，即使门开着也要轻声敲门，得到回应之后再进，这是基本礼貌。

对于有抽烟习惯的人，非抽烟区、有小孩和女士的场合都不应抽烟，特别是有孕妇在场时，这是基本礼貌，而不是非要让人家说。

有不文明口头禅的人，私下里好哥儿们之间聊天，偶尔蹦几句可以理解为真性情、相互间无拘束，但在工作场合甚至当着异性同事、外单位人员的面爆粗口，那就是不文明的表现了，让人怀疑是个人素质问题。

**职场行为“太随意”**

同事间有些“太随意”的行为，往往让人反感。如借东西总忘还；随口答应的事情，过后就忘；都是平级同事，就是喜欢用批评或指挥的语气说话；不经他人同意，随便翻他人东西甚至不打招呼就“借”走；同事间外出聚餐，一到买单就装醉等（如图 3-1 所示）。

不应该有的“随意”行为还包括：工作中经常越级汇报、无视规章制度、办公室里有听不懂方言的人在场时说方言、办公室里接待私人关系、工作时间干私事、上班总迟到或早退、请假总是先斩后奏……这些看起来随意的行为，会导致不和谐的人际关系，也不是成熟的职场人应有的行为。

**总犯同样的错**

无论是同事还是领导，对于总在同一个地方跌倒的人都会恨铁不成钢，甚至觉得这样的人根本不可能成钢。

避免这样的问题，最简单的办法就是培养经常复盘的习惯。这不一定是工作要求，却是职场快速成长的关键技巧：某项工作能成功的原因及失败的教训。这样能最大限度避免犯类似的错，同时成功经验获得积累，从而使我们得到更好的职场淬炼。

图 3-1 未经允许不动他人物品

**其他不良习惯**

不主动学习。不少新员工认为，上班了干吗还要在工作之余学习？工作只是新的学习的开始。个人进步多半得靠业余时间完成，是否坚持学习，三五年后就能分出河东河西，拉开差距。

为迟到早退找借口。“我住得远所以迟到”，这样的想法真的很“业余”。住得远近是你的事，不迟到、不无故请假是基本职业素养。每天早上都应该提前几分钟到办公室，早餐应在办公室之外的地方、上班开始之前吃完。

## 电话接打讲究多

电话极大地提高了职场的沟通、交往效率，但同时也带来了一些问题。

今天的例会，领导公开批评了小张。原来，小张经常接办公室的电话，而又总是把领导、同事的个人手机号、微信号给各类陌生的电话推销人员。这倒不是小张有意散发，而是那些推销员打来电话，问起领导、同事的姓名、电话，他都不加过滤地一一告知。毫无疑问，这给大家平添了不少烦恼，大家经常要花不少时间去应付这些莫名其妙的电话。

座机电话，我们需要注意四个方面的问题。

## 电话基本礼仪

很多人都曾被这样的情况误导：电话沟通中感觉对方很冷淡，并因此在和对方的电话交往中忐忑不安，甚至有些反感。但见面后发现，对方其实是个非常热情的人。这并不是电话欺骗了我们，而是对方在电话中没有传达出积极的感情色彩。这也告诉我们：电话沟通应和见面沟通一样，努力表达出积极的感情色彩。

接电话前不应有负面情绪，如有负面情绪实在不好控制时，还不如暂时请同事代接。拿起电话就要做到放松心情、保证有良好的情绪。对外打的电话，你要找的人不在，需要接电话者代找或转告、留言的时候，必须表现出起码的礼貌，主动告知你的基本信息：姓名、单位、事由、电话或微信等。

电话意外中断，一般由主动拨出电话者或身份低者再拨过去。

通话时做到举止得体，不要有可能影响声音情感的仪态，如趴、仰、斜靠或双腿高架，更不能在通话时吃喝东西，那些动作对方能在电话中听出来，当双方不太熟时，对方会认为那是对他不在意的表现。

通话结束，应说结束语后再结束通话，否则会让人觉得电话结束得太突然。一般谁先打出谁先结束并挂断电话；接电话时，可以让对方先结束电话。不管是打还是接，都可以让尊者先结束电话。结束通话时需要告知对方，比如说“好的，今天就聊到这儿”

等。一般不说“行，那你挂吧”，对方还谦让地说“你先挂，你挂了，我再挂”“好啦，你挂吧”。网络语或口语中，“挂”还有一个不好的意思，所以我们在结束电话的用语上，应该避免和对方说谁先“挂”的问题。不占用办公电话处理私事，工作时间如有打到座机上的私人电话，应三言两语就结束，私事无条件为公事让路。

**打电话礼仪**

对外打情况较复杂的电话，应提前做好准备。如把通话要点列出一张“清单”，分清先后、轻重，以便有条理地沟通。

打电话前要考虑时间是否合适，不能随心所欲。应该是双方预先约定的时间和对方方便的时间。那什么是对方方便的时间呢？

对外打电话应在工作时间。一般是上午 9 点以后下午 5 点之前。如不是十万火急或事先约定，应避免在休息时间打工作电话。

帮你转接电话的人，不管是总机还是其他人，都应有起码的礼貌，“请”“麻烦”“谢谢”等文明用语不离口。

电话接通首先微笑问候“您好”，再介绍你是什么单位的谁、找谁，以便让接电话的人明白是谁打的电话。不要一上来就“喂”对方，或是开口就说事情，让对方莫名其妙。

既然电话因公而打，就必须对通话时长有所控制，以短为佳，宁短勿长。提倡的“三分钟原则”，并不是掐到三分钟就断然结束电话，而是尽可能地限制通话时长，节省双方时间。

确实需要时间较长的电话交谈，在通话之初就应告诉对方这次通话的大致时间长度，在获得对方许可的情况下再继续。

对于好久没有联系的熟人，应有一个简短的寒暄，然后再聊正事。主题内容交谈完毕后，再简单复述通话要点，就可以结束通话了。

**接电话礼仪**

我们提倡在电话铃响三声之内接听。不应在第一声就接，否则会让对方吓一跳。而如果太晚才接，会让心急的人以为没人接听。因故三声之后才接电话的，通话后首先致歉。

按照商务惯例，接听电话后应以“您好 + 单位简称”开头。当自己的电话是分机，应以“您好”或“您好 + 所在部门简称”开头。最标准的做法是“您好 + 所在部门简称 + 姓名”。

接听的时候，暂时放下手头工作。正在和他人面对面谈话时需接电话的，先示意和自己交谈者暂停沟通，并在接完电话后向对方道歉。手头工作太急，而来电不是必须要立即处理的，可在接通电话后说明原因，表示歉意，同时约好具体时间并主动打过去；出于礼貌，下次通话时再次向对方致歉。

他人接电话时，身边的人应尽可能保持安静，避免噪声，不在旁边插嘴或说笑（如图 3–2 所示）。

图 3-2 他人接电话时应尽可能安静

## 代接电话礼仪

刚来的小周，因为接电话的问题，被主管批评过好几回。说起来也不是什么原则性的问题，但就是让人感觉不专业。用合作方刘总的话说："你们的小周，不成熟，太孩子气。"原来，小周代接电话时非常"实在"，会百分百告诉对方要找的人的实际行踪，如"张工去财务室了""杨经理刚去厕所""小江去孕检了"……代接电话也是一门艺术，既要提供对方想要的信息，又要注意文明并有保密意识。

找同事的电话，不应直接拒绝对方代找的请求，尤其不应表现出对所要找的同事有微词，这是起码的礼仪素养。

代接的工作电话，不必向来电者询问他和所找之人的关系。

当所要找的人在附近，迅速请对方来接听，但不要大声喊叫。我见过有的人居然能用"丹田之气"，隔着好几个办公室找人。在没有授权的情况下，不要随便说出对方所要找的人的私人手机号码、微信号、具体的行踪。要找的同事不在办公室时，可以简单地说"对不起，他这会儿不在座位上"，可以向来电者询问要不要帮忙转达。替同事转达时务必做好记录，以便让同事知道大概事项，避免同事联系时，就相同的问题再重复问来电者。记录的信息应包括：来电者单位名称、姓名、电话号码（应询问号码，而非只看来电显示，有些座机电话有分机号）、事由，是否要回电或回电时限，来电时间。其中如有涉及地址、电话号码、微信号或电子邮箱等易错信息的，必须在通话结束前再复述一遍。尽快转告，不到万不得已，不要把转告的内容再托付其他人转告。

除了因要转告而问对方的基本信息，不应再问其他无关信息。当对方询问具体工作相关事项、信息时，不应随意回答、介绍甚至承诺。可以告诉对方，你会请同事和他直接沟通。

## 传真和扫描件的收发

现在很少使用传真件，使用扫描件相对较多。

**传真礼仪**

注意首页或抬头。首页或抬头应包括：收件人单位、部门、姓名（有职务时应加上职务），共几页，发件人单位、姓名、联系电话等信息。以便收件人准确及时地收到。

传真的沟通。发传真之前及发传真后，都应和收件人沟通。收到传真，同样应及时告知对方。

热敏纸传真，对于重要的内容，收到传真后最好复印一份，以备长期保存。

其他注意事项。对于一页以上的传真，每页都应标注页码，避免缺漏。传真盖有公章的材料，把章盖清晰，这样传真过去后才可能清楚。不用其他颜色的纸传真，否则发过去的传真内容背景可能是深色甚至黑色，影响阅读效果。

**扫描件礼仪**

现在大都落实无纸化办公。扫描件相对传真件更环保，方便保存、方便查询，同时也方便对方再打印。

发扫描件，应清楚对方是要黑白色，还是要彩色，尤其是扫描件的内容上有公章时。

为方便对方可能的打印，注意文件扫描时放端正，扫描的原文件尽可能平整不起皱。

对于若干页的扫描文件，扫描好后应该将电子文件设置好规范的名称并体现出页码。如扫描的是关于靳斓的“礼仪培训协议”，共有三页，三个电子文件的名称可以设置为“靳斓礼仪培训 –01”“靳斓礼仪培训 –02”“靳斓礼仪培训 –03”，这样对方接收时就能一目了然，方便阅读、保存。

## 被忽略的邮件礼仪

不知道为什么，一直和小张联系的合作单位的孙科长，多次问小张的主管，能否换其他人和自己进行平时的工作对接。小张的主管百思不得其解：孙科长与他们单位合作多年，还没有出现过这样的情况。后来主管私下和孙科长沟通后才得知原因。孙科长是个工作严谨的人，自从和小张联系后发现小张的邮件签名个性十足：张牙舞爪。孙科长发给他的邮件，经常两三天后才回复。他给孙科长发的邮件，连个邮件主题、落款都没有，忘发附件也是常事……孙科长说，对于这样不严谨的人，他实在不想浪费时间。

电子邮件不算很正式的沟通方式，但并不意味着可以随意。需要注意邮箱设置、正文内容、查收回复。

**邮箱设置**

为了确保邮件使用更加规范、便捷，最好将电子邮箱做一些设置，包括发件人名称及自动回复设置两个方面。

把发件人名称设置成“单位简称 + 自己姓名”，或者“单位简称 + 所在部门简称 + 自己姓名”，以便让对方了解邮件是谁所发，方便对方及时处理，并和垃圾邮件区别开。要注意的是，因公使用的电子邮箱，不应把发件人名字设置得过于个性化甚至有恶搞意味。

设置自动回复，这样就能在接收到邮件后，马上通知发件者。我见过很多因公使用的自动回复邮件，连个落款都没有，只是简单的一句“您的邮件已收到，会第一时间和您联系”，这对于收到自动回复的人来说，还是不清楚你是否收到邮件或者他是否发错了。既然要设置自动回复，就应尽可能规范。自动回复的邮件内容应该有落款，姓名、单位名称，或者两者都有。

## 正文内容

工作往来邮件的内容，应该根据书面信函的格式和规则来写。文字的字体及颜色，以方便阅读、颜色不刺眼为宜。选用电子信纸，宜用庄重的信纸，修饰不宜过多。邮件内容讲述必须简练，用语礼貌。注意及时回车换行，以方便阅读。避免使用网络语言及符号，以免对方不理解而使交流受阻甚至产生歧义。相对手写来说，键盘打字更容易出错，所以在写完内容后，必须检查文字是否有误。

很多因公使用的电子邮件，落款可以设置，即把自己的单位名称、所在部门、姓名、联系方式设置好，省去了每次发邮件都写落款的麻烦，既方便快捷又规范。

邮件主题，就相当于信封上的“收件人”一栏，应该规范，通过这个主题，让收件人知道这封信就是发给自己的，而非垃圾邮件。邮件主题中最好能写清对方单位简称、对方姓氏加上职务；如果单位简称比较短，还可以加上邮件内容简化说明，如“请华西李经理接收协议”，这样对方就能明确这封信的内容，以便考虑如何、何时处理。

点击“发送”前，再次检查邮件：邮箱地址、称呼、涉及的数字有无错误，附件有没有上传完毕。

很多人都没有养成随时查收邮件的习惯。发送邮件后最好再通知对方查收，特别是重要邮件或需要紧急处理的邮件。

**查收回复**

对外使用的工作邮件，必须定期查看收件箱，以便及时处理来信。定期删除不需要的邮件。

和书面信函一样，电子邮件也要及时回复，避免发件人担心是否被收到。一般应在收到邮件当天回复。问题较难处理或太忙而不能马上处理时，先简单回复，告诉对方邮件已收到，正在处理之中，并说明具体多长时间予以回复等。即使邮件有自动回复功能，也需要这样处理。

电子邮件不是正式的沟通方式。重要或紧急事项的沟通还是应使用其他沟通方式，如电话或者面谈。

## 手机和微信礼仪

某单位在培训前，培训主管希望我能给他们强调一下微信礼仪，她特别列举了一些现象：工作完成后，一声不吭地把文件甩到工作群；经常有人发“砍一刀”和拉票链接；领导在工作群里布置了工作任务，看到了不吱声；工作群里发了重要的工作事项，有人发些和工作无关的消息甚至闲聊，致使工作事项被顶到最上面，于是就有人没看到工作事项。

手机和微信，相信现在的职场人都离不开。

不管是在工作场合还是公共场所，绝大多数人习惯于一有空就低头翻手机，使人和人之间的情感联系变得淡漠。我提倡，做一个专业而有“温度”的职场人，从注意手机礼仪开始。

**手机礼仪**

工作场合，手机应放在随身携带的公文包或衣服口袋里。尤其在会谈中，手机不宜拿在手里或挂在脖子上。

开会的时候，把手机关机或者调成振动状态。

飞机起飞后到降落前，以前规定必须关机，现在不少航空公司要求只要手机打开“飞行”模式即可，有的航空公司还提供了飞机上的 Wi–Fi。和他人谈话时，调成静音状态是必要的，以免被来电、来消息的声音干扰，这是对双方的尊重。在影剧院、宴会上，要把手机关机、调成振动或静音状态。

不管是在办公室还是在公共场所，接打手机音量必须适度，以不妨碍和影响他人为宜。

遇到手机信号弱的时候先结束通话，过一会儿再联络，切忌大声呼叫。声音大小不能改变信号的强弱。

手机就是沟通工具而已，不要什么事都靠手机来解决。对于重要的事、复杂的事，还是应该面对面地沟通解决。这样既富有效率，又增进了彼此的关系。

和他人面对面沟通时，不应该低头编写或发短信。如必须立即编发，应先向当面沟通者致歉。

注意对内容的选择和编辑。既然是你发出的短信，就意味着你赞同或至少不否定短信的内容，从而也反映出了你的品位和水准。所以不宜编辑或转发低俗、不健康的短信。

用手机发送短信时，注意内容简短，不啰唆，并养成先浏览再发送的习惯，以最大可能避免文字的错误或歧义。开头有称呼，结尾有署名。

我们知道时间太晚就不宜给人打电话，短信也不宜发送，这是被很多人忽略的。

每个人的手机都有不同的彩铃。工作用手机的彩铃务必注意，不能随心所欲选用彩铃音，像恶搞类的、怪异的、价值观不正及低俗类的都不宜选用。

**微信礼仪**

微信已成为人们重要的通信和社交工具。职场人微信礼仪要注意什么呢？

慎用语音。微信语音不是任何时候都方便收听。而文字内容，只要不是在开车，都可以快速浏览。当涉及复杂的、重要的信息或数字时，应避免用微信语音，因为听声音听错的概率很大，对方为避免听错可能还需要和你确认，无形中降低了沟通效率。

加微信后的初次沟通，最好不主动用语音。语音沟通往往被认为更适合熟悉的人、亲近者之间的交流。

听微信语音最好戴耳机，除非周围没其他人。当然也可以将语音转换成文字形式阅读，只要普通话相对标准。

注意内容。也应有打招呼（或称呼）、说事情、结束语等。不要正说着事情，就突然没消息了，让人觉得莫名其妙，也让人觉得没礼貌，所以应有结束语。内容简练不啰嗦，发一条就能说清楚的，不要一条条地连续发，以免在开会或谈事时，手机响个不停。内容编写后读一遍，看看意思是否完整，数字、标点有无错误，不应通篇都是逗号、句号或叹号。发送前再确认一下联系人，避免将内容发错对象，引起不必要的尴尬。用语音沟通，务必注意控制语音的条数及时长，不要一发就是十条八条，条条都是60秒，让人没有听的勇气。

对于重要事情的内容发过去没得到回复，应主动电话联系，以免误事。我们给他人或微信群发文件时应附上文字说明，不要一声不吭直接甩出文件，那样给人感觉不礼貌。另外，收到他人沟通工作事项的微信消息或文件应及时回复，以免对方牵挂。同时，如果微信群里刚发了关于工作方面的重要事项，就不要在下面发无关的东西甚至闲聊了，以免其他人看不到重要事项。转发的微信内容，注意不要跟风发低俗内容或谣言。

不要把“在吗”作为开场白。首先一句“在吗”，这在很多人看来，有时是尴尬的问题，万一说了“在”，下一句你发的是让对方为难的事情呢！所以，微信沟通最好有事说事，不要习惯以“在吗”作为开场白然后就不说话了。

留言点赞不随意。如对方在工作方面对你很重要，对于合适的内容可以点点赞，以示关注和参与。点赞的事情可以在未来的时间里待机进行。如果天天点赞，显得太有心机；以后再也不点赞，也显得漠视他了。刚才说的是“合适的内容”，再去考虑点赞的问题。另外，朋友圈的留言也应慎重，不要让人感觉总是没话找话刷存在感。

慎刷屏。即使有太多希望和大家分享的内容，也应控制发朋友圈的数量，不要满朋友圈都是你的各种消息，这样很可能被他人屏蔽。有想请大家帮忙投票、点赞的内容，发到朋友圈就行了，慎重私发给工作交往对象，要知道不是所有人都乐于做这样的事，而且你很难确保自己转出的链接或二维码是安全的。

慎用视频沟通。不是每个人都喜欢视频沟通，所以不要动不动就和工作交往对象视频沟通。确有必要时，务必提前告知，以让对方有准备的时间（妆容、背景、合适的环境等）。

对待工作群。很多单位或部门都有微信群。“消息免打扰”“折叠该群聊”这样的设置，不应针对工作群。为了避免重要消息的遗漏，可以打开“保存到通讯录”的开关。另外，发工作通知的时候，注意尽快回复，不能只发“微笑”这个表情，这个表情在微信聊天中，已变成“无话可说”“不想多说”的代名词。在微信群里下发工作任务时，或事项相对复杂时，我们不能仅仅回复“收到”，最好能复述任务内容，确保没有理解错。没有提及时限要求，又不是默认时限的常规工作，这时应主动询问。工作群里，不能说每个人都跟你是“老铁”，所以慎在工作群里开玩笑或发和工作无关的内容，你的玩笑自己认为是有趣的，在他人眼里可能就是无聊或刷屏的。

慎发朋友圈。上班期间，不要动不动就发朋友圈，尤其拍工作场景发朋友圈。即使单位不禁止工作期间发这些，也要注意不拍有可能涉及本单位机密的工作文件、图片、场景等内容。

## 快递收发高效有礼

快递物流的高效普及，大大方便了我们的对外往来。如文件材料、货物通过快递的方式，既快捷又降低了办公成本。这当中有几点需要我们注意。

**注意时机**

发同城快递，一般第二天上午就收到；再快点的，早上发，傍晚就可以收到；外地城市一般三天就收到，而个别的快递公司外地多数城市也能在48小时内送达。但这些，只是“在一般情况下”。而物流高峰期、重大的节假日、偏远地区，都是例外。如现在的“五一”“十一”“双十一”“双十二”期间网购成风，货物量过大产生积压致使派送速度变慢。还有春节期间，绝大多数的快递公司放假。所以这期间需要快递文件的话，务必考虑好发件时间，确保对方能在需要的时间内收到，不能全凭“我以为”而误事。

**确认地址**

快递和以往的信件邮寄不同，快递都是凭地址和电话来送件，而不是邮编。所以地址的准确无误非常重要，应该和收件方确认好地址、路牌号、房间号。收件人的电话，最好是对方的手机号。对于贵重物品应该做好保价；易碎物品，除了自己做好包装，还应告知快递员，让他们也贴上相应标签。有些特殊物品，快递管理有特殊规定，比如有电池的手机不能走航空件，还有一些物品不能走普通快递甚至不能快递，如不确定物品是否允许快递，应提前咨询快递公司，以免误事。

发快递之后，应把快递单号告知对方，以便对方查收。对于一些重要物品、文件，最好能在快递到达对方所在地区且正在派送时，再告知对方，请其注意查收。

**签收礼仪**

贵重物品或易碎物品应当场打开快递并查验后再在快递单上签字。另外，对待快递小哥应有基本礼貌，不应因上门收件慢一点、晚一点或送件迟一点而发火。及时取派件是他们的职责，尽早取走或送达是他们的愿望，但有时超大的工作量和个别收发件客户的低效率，让他们心有余而力不足。

收到快递后及时告诉发件人，以便让他们放心，不应等对方焦急地来电催问。

特别想告诉新员工的是，用单位地址收发个人快递，本也无可厚非。但要注意，不可以频繁用工作时间欣赏甚至传阅网淘“战果”，那样就欠妥了，这些可以在休息时间处理。

## 称呼：不可以任性

小吴在机场无意中遇到客户周总，赶紧上前寒暄。看到周总同行的年轻女士带着一个可爱的两三岁的孩子，就热情地和周总说：“这是您女儿吧？您的孙子好可爱……”这时，他看到那位年轻女士脸红了，周总脸上也有些不自然。而孩子这时扑向周总：“爸爸抱……”

小吴的冒失，在不少职场新人身上都有。现在是个包容的社会，夫妻之间年龄有些差距绝非个例，但有时也可能是先生或妻子长得“着急”一些。推而广之，我们在交往中不应凭主观想象来猜测对方的年龄、与其他人之间的关系等。

知识使人文雅，而交际使人完善。不断学习，多一些交往，能让我们更快地成长、成熟起来，早日融入职场，成为职场达人。而交往中首先就是称呼的问题。

正确、恰当的称呼，不仅反映了自身的教养、对交往对象的尊敬，还体现着双方关系的发展程度。称谓总的要求是：得体、有礼有序、符合身份及关系。

据《华商报》报道，某项世界杯决赛后的新闻发布会上，一名体育明星在一次答问中称加拿大选手哈特莉为“胖子”，海内外媒体哗然。众所周知，给人取外号或以人的生理特征来称呼他人，是不尊重他人人格的表现。

**得体称谓**

可用对方的职业相称，也可以对方的身份相称。职务、职称前面加上姓氏作为称呼很常见，如“王经理”“刘局长”“张高工”“李教授”等；如果是本单位、本部门的领导，也可以只称呼其职务，如“经理”“主任”等。职务前加上姓名，适用于极正式场合，如“周明院长”；有职称的，特别是高、中级者，可直接以职称相称；有博士学位的，称呼时应以姓氏或者姓名加上博士学位名称，如“杨博士”或“杨云博士”。在对方身份不明的情况下，以性别相称，如“先生”“女士”。如果对方是从事文化教育、艺术工作的知识分子，称呼“× 老师”比较妥当。对年长者称呼应恭敬，不要直呼其名，如果是有身份的人，可以把“老”字和其姓倒置，这也是一种尊称，如“张老”“王老”；对同辈人，可以称呼其姓名，有时甚至可以去姓称名。称呼时态度应诚恳，表情要自然，体现出你的真诚，并可以借助声调、热情的笑容和谦恭的体态表达尊敬之意。

**注意事项**

怎么称呼对方，事关对方的身份和尊严，所以商务交往中要了解称呼的注意事项，避免产生误解。

称呼他人绰号是不礼貌的表现，特别是在职场这种泛泛之交的情况下。

有些称呼具有一定的地域性，在其他地域的人听来可能会引起误会，如“师傅”“小鬼”“靓妹”等，具有地域性特征的称呼不宜不分对象地使用。

注意不当简化。职场交往场合，称呼不宜随意简化。例如，把吴工程师称为“吴工”（蜈蚣），项工程师称为“项工”（相公），对方姓龚，称为“龚工”（公公），“范局长”称为“范局”（饭局），就令人啼笑皆非了（如图 3–3 所示）。

以生理特征称谓是不礼貌的，例如，四眼、胖子、麻秆儿等。年龄相近的异性之间，一般不宜只称呼名，除非很熟并且大家都这么称呼。

职场因公交往中，像“大哥”“大姐”“大叔”“阿姨”之类的私人称呼，容易让人反感。

图 3-3　称呼不能乱简化

# 致意：得体是王道

所谓致意礼，就是见面之初向对方表达问候、欢迎、友好时的举止。我们介绍几种常用的致意礼节。

## 握手礼

1972 年，可以说是在世界外交史上有着重要影响的一年。当美国总统尼克松走下飞机，与中国总理周恩来的手紧紧握在一起时，周恩来总理说：“你的手伸过世界上最辽阔的海洋来和我握手！”随后，中美关系掀开了新的一页。

握手是世界上最通行的致意礼。握手，不仅是将尊敬、礼貌传达给对方，更是在握手过程中将彼此的诚意与友好表达出来，拉近了彼此的距离。

握手要遵循“尊者先伸手”的原则。如果是在工作场合，职务高、身份高的人先伸手。

接待来宾时，当来宾抵达时，由主人先伸手与来宾相握；而在来宾告辞时，则应由来宾先伸手与主人相握。前者是表示“欢迎”，后者是表示“再见”。

握手时，距对方约一步远时站定，两脚立正，上身稍向前倾，伸出右手，四指并拢，拇指张开，虎口相交并握住对方的手，大拇指自然下滑，与受礼者握手。

握手时双目注视对方微笑致意，不要看着第三方。

握手时间一般三五秒钟就行了。如果要表示自己的真诚和热情，也可较长时间握手，并上下晃动几下。以汗手相握是不礼貌的，可以在包里准备手帕，提前擦拭；也可以在对方看不到的时候用整理衣服的动作把手上的汗拭干。

人数较多时，可以只和相近的几个人握手，跟其他人点头示意，或微微鞠躬。

握手时眼睛看向第三方显得很不礼貌（如图 3–4 所示）。

将另外一只手插在衣袋里或拿着东西也是不礼貌的。

戴着手套或墨镜握手是失礼的，在社交场合只有女士戴着薄纱手套握手被允许。

正常情况下，用左手相握是失礼的，尤其和信仰伊斯兰教的人打交道时要注意，因为他们认为左手不洁。

不应仅握住对方手指尖，好像有意与对方保持距离。应握整个手掌，对异性也应如此。

交叉握手也欠妥，尤其对方是基督教信徒时，他们认为两人握手时与另外两人相握形成交叉状像十字架，不吉利。

如果有手疾、手汗湿或弄脏了不便握手，应向对方说声“对不起，我的手现在不方便”，以免造成不必要的误会。

图 3-4　握手时关注第三方很失礼

**点头礼**

点头礼又叫颔首礼，它所适用的情况有：遇到熟人，在会场、剧院、舞池等不宜交谈的时候，在同一场合碰上已多次见面者，遇上多人而又不好一一问候时。行点头礼不应戴帽子，头部向下轻轻一点，同时面带笑容问候对方。不要点头不止，点头的幅度也不必过大。

**招手礼**

行招手礼的场合和行点头礼的场合大致相似，它最适合向距离较远的熟人打招呼。行招手礼的做法是：右臂向前方伸直，右手掌心向着对方，五指并拢，轻轻向左右摆动一两下。

**注目礼**

在升国旗、游行检阅、剪彩揭幕、开业挂牌等情况下，适用注目礼。

行注目礼的具体做法是：起身立正，抬头挺胸，双臂自然下垂或贴放在身体两侧，表情庄重严肃，不可以交头接耳或闲聊。眼睛正视受礼对象，或随之缓缓移动。

**鞠躬礼**

鞠躬礼目前在国内主要适用于向他人表示感谢、领奖或演讲前后、演员谢幕、迎送宾客、举行婚礼或参加追悼活动等。

行鞠躬礼时，应脱帽立正，双目凝视受礼者，然后上身躬身前倾。弯腰时眼睛跟着往下，看向脚前方约 1.5 米处。男士双手应贴放在身体两侧裤线处，女士的双手自然搭放在腹前。下弯的幅度越大，所表示的敬重程度就越深，但一般日常交往中行鞠躬礼时，鞠躬 15 度或者 30 度就可以了。向同一人或同一方向行礼鞠躬的次数：喜庆场合下不要鞠躬三次，一般追悼活动才三鞠躬。

## 寒暄：须适可而止

音乐始于序曲，交谈起于寒暄。见面交谈之前，特别是初次见面交谈前，应有几句寒暄语作为铺垫。得体的寒暄能使交谈气氛更加融洽。

我们中国人向来是讲究情感作用的，所以寒暄相对复杂。

**关心对方吃喝**

这类的寒暄，是“醉翁之意不在酒”，只是以这个为话题表达自己对交谈对象的关心，借以作为接下来交谈的铺垫。如“您吃了吗”“还没歇着哪”等，一天之中的绝大多数时间可以使用此类寒暄语。在用餐时间前后说“吃饭了没有”，这种寒暄既简单，又达到了交流感情的目的，并且谁也不会真去深究到底吃没吃。而下午三四点钟还这样问，就显得太不走心了。不过这样的寒暄也要看场景，比如在洗手间还这样照本宣科式地寒暄，就让人尴尬了（如图 3–5 所示）。

图 3-5　寒暄内容要注意场景

**问候对方活动**

这同样是有中国特色的寒暄内容。例如，“您上班去呀”“锻炼身体呢”“出去啊”“最近挺忙的”等。这类寒暄语借“明知故问”作为交谈或者问候的开始。类似的还有“好久不见，近来怎样”“来这里多久了？习惯吗”等。

**了解行动目的**

这同样是具有中国特色的寒暄内容。如“您干什么去”“还没回家呢”“有空过来坐坐”。对这样的问候，答话者既可以如实相告，也可以随便答上一句“我出去一下”之类的话。然后再接着谈论下一个事项。

**夸奖对方**

夸奖对方是让人从心理上特别愿意接受的寒暄方式。如“小王，你穿这身衣服特显气质”。被夸奖者既可以接着这个话题说这身衣服，然后再聊其他话题；也可以直接回以微笑或以“谢谢”等作为话题，再接着说其他话题。

**不涉及交谈双方**

这样的寒暄话题，全世界都通用。很多影视作品都有这样的镜头：为了和陌生者套近乎，会以“今天天气真不错”“今天雾霾好多了”等作为开头。这是公共话题，不管谁都能观察得出来，所以不容易有歧义，也容易获得共鸣，有利于进一步的交谈。这类话题还有“这家餐厅很不错”“这辆轿车的性能很棒”等。当然，像艺术、流行时尚、风土人情、旅游交通、时事热点等，也都是不错的话题，但要注意不要不懂装懂，贻笑大方。

要注意的是，寒暄必须适可而止，不能本末倒置，变成一场跑题的交谈。

## 介绍：注意先与后

介绍是初次会面时双方交往、沟通的出发点。国际公认的规则就是让更受尊重者享有优先知情权。工作场合，以个人身份职务为出发点，即把职务低的人介绍给职务高的人。接待客人到主人办公室，应把客人介绍给主人，这是为了让主人知道对方是谁，以方便接待。在其他主方场合下，应把主人介绍给客人，以示对客人的尊重。

如果是下班之外的场合，则一般把年轻的介绍给年长的、把辈分低的介绍给辈分高的、把未婚的介绍给已婚的、把男士介绍给女士、把身份低的介绍给身份高的、把本国人介绍给外国人。

按介绍方式分为：介绍他人、被人介绍、自我介绍和介绍集体四种情况。

**介绍他人**

介绍他人前，应先了解双方姓名、身份。介绍中注意突出双方的身份、职务，特别是有值得骄傲的头衔或身份时，应该重点突出，这也是被介绍双方都希望的。人数众多的场合，如果大家年龄相仿、身份类似，则按统一的次序，如从左到右、从右到左或者从近到远的顺序逐一介绍。

为他人作介绍，不要用食指指指点点，那样极不礼貌。一般情况下，应伸出右手至齐胸高度，拇指微曲，其他四指伸直并拢。比如把张三介绍给李四认识时，上半身及面部转向李四，把右手伸向张三："李四，请允许我向您介绍，这位是张三。"相对随便一点的场合可用"让我介绍一下"或"我来介绍一下""这位是……"的句式。然后把上半身及面部转向张三，同时把右手伸向李四："张三，这位是李四。"不要一会儿伸左手、一会儿伸右手，左右开弓，显得忙乱、难看。

给他人作介绍的时候，被介绍的双方才是主角。介绍中不宜开玩笑，不要介绍后和其中一方不停地聊天。注意：介绍完毕你的使命就结束了，剩下的时间交给他们。

**被人介绍**

自己被介绍给他人时，应面向对方，显示出想认识对方的诚意。等介绍完毕，可以握手致意并说"您好""很高兴认识您""久仰大名""幸会幸会"等客气话，必要时还可以进一步作自我介绍。

社交场合，男士被介绍给女士时，男士应先向女士点头致意，然后等候女士的反应再握手回应。女士不伸手时，男士不宜主动伸手。

被介绍的过程中，举止大方，面带微笑，热情应答、问候。原本是坐着的，当被介绍时应该站起来，且左手不宜插进衣兜或背在身后。

## 自我介绍

在某些特定场合想认识某人，但又没有熟人介绍，这时可以作自我介绍。作为职场新人，自我介绍时必须站立，主动向对方打招呼并点头致意“您好！”或“××（具体称呼），您好”，以引起对方注意，然后说出自己的姓名、身份。也可以一边伸手和对方握手，一边作自我介绍。

自我介绍的具体形式有以下几种。

应酬式：适用于某些公共场合和一般社交场合，这种自我介绍最简练，往往只包括姓名一项：“您好，我是靳斓。”

工作式：适用于工作场合，它包括本人姓名、供职单位及其部门、职务或从事的具体工作等：“您好，我叫靳斓，我是×××公司副总经理。”

交流式：适用于社交活动，希望和交往对象进一步沟通。内容应包括介绍者的姓名、工作、籍贯、学历、兴趣及与交往对象某些熟人的关系：“你好，我叫靳斓，我是礼仪教育讲师，是周南的同事。我工作之余喜欢看书、旅游。”

礼仪式：适用于讲座、报告、演出、庆典、仪式等正式而隆重的场合。包括姓名、单位、职务等，同时还应加入一些适当的谦辞、敬辞：“各位来宾，大家好！我是靳斓，是×××公司副总经理。欢迎大家光临我们的座谈会，希望……”

当自己的名字中有不常见或易认错的字时，可以把字具体说一下，特别是要用正面人物或大家都知道的正面事物说明，这样更能加深印象。我的姓名两个字都不常见，因此遇到年长者我会这样介绍："靳，是靳开来的靳。"对于中青年或时尚人士我会说："靳，靳东的靳。"如果对方表现出迷茫，我会继续说："左边一个改革的革，右边一个四两拨千斤的斤。斓，是五彩斑斓的斓。"如果我说"左边一个改革的革，右边一个半斤八两的斤……"就欠妥了。某次我见一位叫陈光强的先生自我介绍说："我叫陈光强，陈世美的陈，光头的光，小强的强。"结果把大家笑翻了。

也可以借用经典或好记的词句，加深他人的记忆。我在参加某档电视节目的时候，编导建议我以"静以修身，五彩斑斓。大家好，我是靳斓"作为开场向观众作自我介绍。

**介绍集体**

当被介绍的双方其中一方是一人，另一方是多人时，把个人介绍给集体就行了，不必再把集体中的每个人介绍给个人。

当被介绍的双方都是多人时，由主方负责人首先出面，依照主方在场者具体职务的高低，自高而低依次对其做介绍。接下来，再由客方负责人出面依次介绍。代表团来访时就会用这种方式。

## 名片：方寸显智慧

现在用名片的频率相对较低。名片在方寸之间体现的不只是个人姓名、联系方式，还有个人修养。

**递交名片**

掌握适宜的递交名片时机。一般选择刚认识或分别的时候。一般情况下不宜在社交活动中途发送名片，比如用餐、欣赏演出过程中。

递名片前先向接受名片者打个招呼，让对方有所准备。即可以先作一下自我介绍，用“幸会”“认识您很高兴”“请多多指教”“这是我的名片，常联系 / 请多指教”等谦语表达出来。

交换名片，应由位低者向位高者发送名片，再由后者回复前者。但在多人之间递交名片时，一般由近而远、按顺时针或逆时针方向依次发送。

名片不是传单，也不是扑克牌，不要见人就散名片；也不要一手拿名片夹，一手递名片。

**接受名片**

他人递名片，无论多忙都应起身微笑相迎，双手接名片。接名片时用双手或用右手，不应只用左手或者用手指夹名片。

接过名片后，先向对方致谢，然后将名片默读一遍，遇有显示对方荣耀的职务、头衔可以轻读出声，以示敬重。姓名中如有不认识的字，或拿不准的读音，最好当时就虚心请教，而不是一张嘴就叫错。

把对方名片谨慎地放在名片夹、公文包、办公桌或上衣口袋内。不可以把玩名片，或在对方名片上压上其他物品。

接受对方名片后，应立即回赠名片。名片用完或忘带，应向对方诚恳解释并致歉。如果还没有名片，也可以说名片刚用完，可以在一张干净的纸上写上相关信息给对方或让对方记在手机上。现在，互相添加微信好友，也是不错的办法。

如果你递给对方名片的同时，对方也正递给你，这时最好先放下自己的名片，接过对方名片之后，再递上自己的。

**索取名片**

强索名片是失礼的。如果想结识对方，或者想索取对方名片，可以采取下面的办法。

互换名片。主动递上自己的名片后，对方一般会回一张名片。如果担心对方不回送，可以在递上名片的同时说："能否有幸和您交换一下名片？"

语言暗示。也就是用含蓄的语言进行暗示。在向尊长要名片的时候可以说："请问今后我怎样向您请教？"向平辈或晚辈要名片的时候可以说："请问今后怎么和您联络？"

有索就有拒。他人向你索取名片，直接拒绝是不礼貌的。若不想给，可以委婉地表示："实在抱歉，我的名片用完了。"如果手里明明拿着名片却这样说，就太不礼貌了。

**名片存放**

名片放在名片夹里，也可以放在上衣内侧口袋、公文包以及办公桌抽屉里，切忌放在裤袋、提包、钱夹里。

双手接过他人名片看过之后，以认真的姿态放进名片包或名片夹，也可以先放在桌子上。随手乱丢、拿在手里把玩或在上面压其他物品，都是失礼的表现。

为便于以后详细了解现在的情况，可以在名片上写下供自己参考的资料，比如收到名片的时间、地点、交际结果；其他名片上没有的信息，比如对方是哪里人；自上次见面后，对方单位、部门、岗位的变更；等等。这些可以在事后记录，而不是当面。

## 添加微信礼仪

微信作为更加便捷、多功能的社交和通信工具，“加个微信”的频率已超过交换名片了。在添加微信时应注意哪些礼仪细节呢？

**怎样加微信**

现在见面“加个微信”俨然成了口头禅。想加对方微信时，应该怎么说呢？

和主动索取名片是一样的思路。见面寒暄之后可以说“以后怎么联系您”“以后怎么请教您”，如对方没有主动让加微信的意思，则可以接着说“方便加您微信吗”。

微信是相对私人的沟通工具，所以很多人并不希望见人就“扫一扫”，特别是不认识的异性或身份有差距时，或认为你将来可能有求于他时。我们主动提议过一次，对方如找借口不给，那么在这次会面之中就不宜再提了。

如果是碍于情面不得不加，但加上之后马上删掉显然很失礼，何况三十年河东三十年河西，双方的身份可能随着时间的推移而发生变化。我们可以在微信的“朋友权限”里，选择“仅聊天”，还有“不让他（她）看”“不看他（她）”这两个选项，根据需要做相应选择，尽可能减少打扰。

一般是下级（身份低者）扫上级（身份高者）的微信二维码，目的是让对方少一些操作。如果对方找不到二维码，可以请上级（身份高者）扫我们的二维码，或向对方要微信号，主动添加对方为好友并现场请求通过。

鉴于微信不同于名片，有一种相对特殊的情况我们需要注意。当有人想通过你加另一位同事或朋友的微信时，你应先询问同事或朋友是否愿意添加，待对方同意之后，再把微信推给想添加的人。即使是工作的原因必须给，也应该先告知被添加者。

**微信备注**

很多人都有这样的经验，加上微信几个月后不知道对方是谁、怎么回事。为什么会这样？主要是加上后，没有及时在微信的“设置备注和标签”里做好相关备注。“好记性不如烂笔头”，做好相关备注就是为了方便将来还能知道对方是谁。

“备注”不能加太多文字，可改成对方单位简称和姓名职务，“电话”里填上对方手机号、办公室电话。在“描述”里，可以加上相见的时间、地点，因何事见面及所知道的其他情况，如是他人介绍或他人推送的微信最好也备注上。而“标签”则可以对所加的微信进行分类管理。做好管理后，下次会面之前看看微信“设置备注和标签”里面的信息，告诉对方，自从上次在哪里的一别，已经多久了……对于你的如此用心，对方自然会更加高兴，认为你很在意他，你是认真而严谨的人，从而获得了印象分。

**后续跟进**

好不容易加了微信好友，尤其是加了比自己身份高者或好不容易争取来的重要人士的微信，接下来怎么办呢？如果不趁热说几句话，时间一久，对方可能对你就没有什么印象了。最好是加了微信、双方道别之后的当天就进一步跟进。

怎么开口呢？先称呼对方，应是姓氏加职务，即使想套近乎，也不要上来就“哥”“姐”地称呼，毕竟这是工作往来。把自己的信息以文字的形式或制作成名片的格式，发给对方，如姓名、单位、职务及电话。

再说客套话，点到为止，不要没完没了，如“周总，很荣幸能见到您，今天一席谈话，受益良多。以后还请多多指教”，这时可以再发一个握手的表情。加上微信之初包括在以后的沟通中，微信表情都不要滥用，避免给人留下不稳重的印象。

如果工作方面事宜还需继续联络沟通，那么在加微信之后，就可以及时正常推进了。

## 接待前要了解的事项

几年前给某企业的培训经历，让我记忆犹新。从北京出发刚登上飞机，就收到了该企业接待员发来的短信，告知是什么人去接机，并祝一路平安；飞机到当地降落后刚开手机，就收到了短信，这回是告诉我他们已在接机出口、穿着什么样的衣服；培训结束后在机场准备登机时，收到了接待员祝福的短信；到了北京，刚开手机又收到了问候的短信。如此细心而专业的行为，让我感叹不已。

即使是新员工，也会有日常性的工作接待或参与接待。谦恭有礼，人人欢喜。在接待中怎样做到谦恭有礼，这是需要考虑的问题。

对于参与接待工作的员工而言，如果单位没有专人做收拾整理的工作，那么收拾整理接待室、会议室的工作就应主动承担起来，而不是等到主管要求。应使接待室或会议室保持地面、桌面物品摆放整齐、清洁、有序，设备调试、文件整理、饮用水准备等也需要考虑。

对于稍重要的接待，尤其是外地的重要客人，最好先了解对方的人数（包括具体几男几女）、身份、民族，到达的具体时间，所乘交通工具，是否需要接机、接站（本单位有这方面的规定及条件允许时），如需接机、接站还应知道航班号或车次。

自己负责接待，应考虑这次接待将要讨论的问题，对来宾谈什么、怎么谈，自己到时需要询问什么、怎么询问等，应做到心中有数。

了解对方信息，及时向主管汇报，以便考虑是否需要其他部门或更高身份的领导参与接待。及时做好部门之间的交接、衔接。

## 迎宾与待客礼节

有道是："出门看天气，进门看脸色。"去做客的时候，最怕的就是冷遇。

需要去机场、车站迎接时，确认好来宾的具体到达时间，提前告知对方接待者身份、手机号码，以及具体在什么位置恭候。

乘坐飞机的，最好再通过一些专业的查询航班动态的软件，关注航班是否准点。

可以使用接站 / 机牌，最常见、最简单的接站 / 机牌是企业徽标或专门制作的"欢迎 ×××"的接站 / 机牌，在约定地点，举着接站 / 机牌恭候。对于经常有工作往来的合作单位，如果不是重要来宾，安排来宾熟悉的司机去接就可以。不管谁去接，提前到达约定地点等候是起码的礼貌。

不用去机场、车站接的话，接待工作就省事多了。对于重要来宾，可以到单位门口迎接。而平常普通的接待，可以等来宾到达时，到办公室门口或直接在办公室起身迎接。

己方迎接的是多人，可以列队相迎，和来宾逐一握手致意，避免忙乱。双方见面后，微笑并握手问候寒暄是必要的。

上车时请来宾先上，打开车门并以手示意，等来宾坐稳后自己再上。在来宾入座后，接待人员不应该让来宾“往里让让”，而应该为来宾关好门后从车尾绕到另一侧车门入座。下车时，自己先下，为领导或来宾打开车门，请其下车。

接待过程中，陪来宾走路，请来宾走在自己右方。主陪人员要和来宾并排走，其他陪同人员走在来宾和主陪人员身后。在走廊里，应走在来宾左前方几步。接待引领的过程中不要一言不发，而要做好语言关照，特别是走到环境特殊的地方，比如转弯、上楼梯时，以手示意并礼貌提示“这边请”。出于安全和礼遇考虑，上楼梯时请客人在先，下楼梯时自己在先，有扶手的一侧尽量让给客人（如图3-6所示）。

乘电梯，有专门的电梯员时，请来宾先进先出；没有专门的电梯员时，则自己先进去控制电梯，再请来宾进。到达目的楼层请来宾先出。到达接待室或领导办公室，对来宾说“这里就是×××（所要去的地方名称）”或“这里是×××办公室”。先敲门，得到允许再进。外开门，应该请来宾先进；内开门，自己先进并拉住门，再请来宾进。最好是反手关门，确保始终面向客人，以示敬意。

图 3-6　接待引领中注意语言关照

# 待客的敬茶礼节

无论什么来宾来访，都要敬上一杯茶水，这是重要的待客之道。有多种茶水可供选择时，用封闭式提问方式，即具体列出有哪些茶水，询问来宾喝哪种。

给来宾敬用茶叶冲泡的茶水，最讲究的是用有盖、有把儿的瓷杯。用盖杯泡茶，先用茶叶勺取茶叶，不能用手抓，或者先把适量茶叶倒入茶叶筒的盖中，再从盖中倒入杯中。放入适量茶叶后，加入约 1/3 杯开水，待茶叶差不多泡开时，再为来宾加入适量开水。

中途续水可以用右手拿着茶杯盖，或者把茶杯盖放在茶几上，盖口朝上；茶水不要倒太满，讲究茶浅酒满，一般倒至茶杯的 2/3 左右。用一次性杯子时，放入茶叶后一次性倒入约为茶杯 2/3 的水就可以了。现场条件允许的情况下，一般从来宾的右边奉茶。

敬茶先客后主。多位来宾，一般以身份高低为序敬茶。上茶的具体步骤：把茶盘放在茶几上，用右手给来宾递上，手指不要搭在茶杯上，也不要让茶杯撞到来宾手上。如果妨碍来宾交谈，要先说一声“对不起”，或“打扰一下”“请用茶”“请用茶，小心烫”等。

现在也有用矿泉水待客的，这就更省事了，只是要注意对方没有要求时，不宜主动替客人打开瓶盖。接待贵宾或条件允许时，提供矿泉水的同时可以再提供一个空玻璃杯，方便来宾将矿泉水倒进水杯。

## 送客不容虎头蛇尾

接待工作要善始善终，最后送客也应处理好，避免产生“100–1=0”的遗憾效果。

如果主要事宜双方都已落实，且有重要的事需要马上处理，但客人还没有走的意思，可以主动暗示结束接待工作。否则接待方不宜主动结束，以免有“赶人”的嫌疑。

来宾起身告辞时，主人要尽快想想还有没有要紧事告诉来宾。即使没有了，也应客气挽留，不能来宾一说要走，就马上站起相送或起身挽留，这都有逐客的嫌疑。

来宾执意要走，也要等他们起身后，自己再起身相送。

分别时再说些诸如“欢迎下次再来”“合作愉快”“请慢走”“祝一路平安，万事如意”等道别的话。“一路走好”这样啼笑皆非的话，不能在道别的时候说。而“一路顺风”也不能在送机的时候使用（如图 3–7 所示）。

为表达对来宾及其同事的友好感情，可以在恰当的时候告诉来宾代表你向他们问好，例如，“请向贵公司全体同人问好”“周经理这次没来真是可惜，麻烦您回去替我向周经理问好”等。

图 3-7　道别语不要乱说

把来宾送到门口，应站在门口目送一会儿，等来宾身影消失后再离开。来宾如果走了两步，回头发现主人连后脑勺都不见了，很难相信这种接待的诚意。同时，返回房间后关门一定要轻。客人刚出门就听到重重的关门声，难免会有其他联想（如图 3-8 所示）。

送到机场、火车站的，如条件允许时，最好等对方安检之后再离开。如果车站或机场不好停车或接下来还有其他事需马上赶回，应提前告知，恳请理解，并将车辆停在客人方便下车且方便进入候机楼或候车大厅的位置。

## 应避免的接待行为

汪经理回到公司后，为今天的冷遇而大为恼火。原来，今天的会面早在半个月前就已经约好了。但今天应约过去后，对方联系人小孙却不在单位，也没有人出面协助接待。打通小孙手机后，他居然忘了今天会面的事。并且在一个多小时的等待过程中，没有人给汪经理倒水。小孙赶回来后，在双方沟通中也一直没人倒水，终于在汪经理嗓子快冒烟的时候，匆匆结束了会谈。

“小孙”式接待，可能在不少人身上存在。就日常接待而言，需要避免一些不当的接待行为。

图 3-8　送客后关门要轻

自己临时有事不能马上接待的，不可以置之不理，应请其他人帮忙接待。当需要对方等待的时间较长时，应该向对方表示歉意然后说明情况，征求对方意见：是等待还是改天再会面。

同事的客人，同事不在时，不应当作没看到而不闻不问，应做好协助接待。先帮忙找找同事；找不到同事时，应把来访者安排到会议室或者暂时休息的地方，自己赶紧联系同事，问清楚情况再回复来访者。对于客人问及的具体事项处理情况，在同事没有授权的前提下，不应随便答复。

见面就谈公事，不问候、不寒暄、不关心；当初在电话中沟通得情投意合、热火朝天，见面后一脸严肃，少言寡语；有合作可能时热情有加，经过沟通无法合作时冷若冰霜；对待来宾的礼遇程度有明显反差，把主宾奉为上上宾，其随行人员却连眼神关注都没有……这些都是应避免的接待行为。

## 拜访预约与做客礼仪

有来有往才能常来常往，工作拜访是对外工作中必不可少的内容，首先要做好预约。

**做好预约**

因公拜访他人，不管是熟悉的还是陌生的，提前预约是基本礼貌。要约定在双方，特别是对方方便的时间，并协商决定做客的具体时间。自己提议见面时间的，必须考虑对方的时间安排，可以同时提供几个时间段供对方选择并主动避免对方繁忙的工作时间、节假日、常规的用餐时间和午休时间。繁忙的工作时间一般是指每个月月初和月末，每周的周一上午和周五下午等。

预约时应主动告诉对方己方的人数及各自的身份，尽量避免在拜会中安排对方不喜欢甚至反感的人。做客的一方要特别注意，切勿在没有告知主人的情况下随意加人，以避免给主人已有的安排计划造成不必要的干扰，影响拜访效果。

**注意着装**

根据场合选择版型，着装要整洁、大方、庄重，避免穿着过于随意或是与所在场合不相称。去工作场所拜访，一般应穿着较为正式的版型。拜访地点如果是私人住所，可以适当随意，但不能过于轻佻。

进门之前，最好再自我检查一次，看自己妆容是否整洁无异物，着装是否整齐，鞋面是否干净，鞋底是否清洁，特别是在雨雪天气。

**准时赴约**

拜访要严格遵守约定的时间。如果确实有特殊情况需要推迟或者取消拜访的，必须提前通知对方并表示歉意。当再次和对方会面的时候，应对上次的失约再次表示歉意，并向对方说明原因。

登门拜访应准时到达，早到5～10分钟是可以的，但不要太早，否则会让对方措手不及，出现令双方尴尬的局面。如果到得太早，可以在约定地点周边稍等一会儿，等时间差不多时再上门。

**举止稳重**

到达目的地后，即使门是开着的，也要先敲门或按门铃。敲门的时候，轻叩两三下；如果没人回应，稍过一会儿再轻叩；按门铃的时候，让铃响两三下即可；如果室内没有反应，可以稍过一会儿再按。和主人初次见面时，应先作自我介绍，向对方主动问好。如果主人的同事或亲属也在场，主动与其打招呼、问候，以示诚意。

前往拜访对象的办公地点拜会，一般不必携带礼品。去私人居所最好准备小礼物，如鲜花、水果、糖果等。进门后就可以向主人奉上自己的礼物。

所见到的或提供协助的主方所有人，都应该以礼相待，不管是什么身份。

不要见到座位就马上坐下，而应坐在主人指定的位置，并且不要先于主人就座。把公文包、手提袋等物品放在自己座位附近的地板上，或主人指定的地方，不要随意放在桌椅上。

主人端上饮料，站起来双手接过并致谢。做客一般不应主动抽烟。当主人让烟，可以先接过来，经过主人的同意才可以吸烟。国家颁布的最新禁烟令规定在有顶盖的公共场所内都不许抽烟；所以有抽烟习惯的人，还是要多多注意。保持主人屋内的清洁，不乱弹烟灰或乱扔果皮。

即使在主人的室内等候，也不可以自行在室内走动并东张西望，更不可以随便动主人的物品或翻动抽屉、橱柜，桌上的文件、资料，等等。

# 拜访注意适时告辞

拜访中，即使谈得再投机也要适机结束，适时告辞不仅是风度，更是智慧。“适时”怎样把握呢？

**客观情况**

由于事先已定好这次拜访的会面时间，所以必须把握好时间适机主动告辞，而不应聊个不停，影响主人的其他安排。

如果双方事先没有约定拜访时间的长短，一般以半小时到一小时为限。当双方已经谈完该谈的事情时，就应起身告辞。

快到休息或就餐时间，毫无疑问应主动告辞了，除非你想要请对方吃饭，或者对方非要请你吃饭，不然就有“蹭饭”的嫌疑。

遇见其他客人来访，也应该尽快告辞，以免给主人的接待工作造成不便。

**主观情况**

有一些主观情况发生时，拜访者也要及时“知趣”而退。

双方话不投机，或当你说话的时候，被拜访者反应冷淡。

被拜访者站起身来，或是把你们的谈话进行了总结，并说出以后可以再继续交流的话。

被拜访者虽然显得很“认真”，但反复看手表或时钟甚至打哈欠（如图 3-9 所示）。

图 3-9 交谈中看时间是“下逐客令”

**注意事项**

准备告辞时，不要选在被拜访者或其他人说完一段话之后，这会让人误以为对他的话不耐烦。最适合的告辞时间，是在自己说完一段话之后。同时，告辞前不应有打哈欠、伸懒腰等举止。

提出告辞时，即使对方说“再坐坐”之类的客套话，也应毫不犹豫地起身告辞。

告别前，应对被拜访者的友好、热情等给予肯定，并说一些“打扰了”“添麻烦了”“谢谢您”之类的客套话。还可以说“这两小时过得真快”“和您说话真是一种享受”“请您以后多指教”“希望我们以后能多多合作”等话。起身告辞的时候，如还有其他来宾，即使和他们不熟悉，也要遵守“前客让后客”的原则，礼貌地打招呼。

被拜访者送上几步后，你可以说“请留步”并主动向对方伸手相握，以示就此别过，请其留步。

## 出差在外修身于内

上个月出差回来以后，领导就对小梁非常有意见。

出差的时候，领导拉着大包小包，包里还装着不少洽谈所需的材料。而小梁只顾拉着自己的箱子，丝毫没有主动分担的意思。下火车后，领导忙着在手机上找酒店地址然后下单“网约车”，而他一直低头玩手机，包括上了“网约车”后。到了酒店大堂，他又坐到大堂沙发上摆弄手机，领导只得自己去前台办理入住手续。到了用餐时间，领导来敲门，喊还躺在床上玩手机的小梁去吃饭。第二天客户开车来接，领导自己开右侧车门，他也从这边跟着进，让领导“往里挪挪”。

领导不客气地说，这样不懂事的员工，纯粹是增加成本。于是决定试用期结束后不再聘用。

出差，可以说是一种特殊的客户拜访形式。当和领导或同事一起出差时，就有一些事项需要注意了。

**提前做好准备**

出差，也是因公而为。旅途中可以穿得休闲些，但和客户见面时还是应该穿得和上班一样正式。

事前联系确认、车辆安排、交通路线、出差时的机场、航站楼或车票、出差时的酒店预订等，都应该是提前了解、处理的事。当然，如果单位专门有部门或助理处理这些，你只要配合并了解就好。需要准备的材料、数量、具体内容，做好准备。特别是为对方准备的合同等重要文件，涉及对方的信息，务必提前和对方核对好。

做好联络，即和对方约好会面的时间、地点、双方都有哪些人员参与，特别是对方参与人的姓名、身份，会谈什么内容，大致需要多久，对方对这次会面有什么需要或期望，等等。

提前预订好酒店，要考虑的因素有：酒店档次、价位是否符合本单位规定，是否含早餐，房间朝向、有没有窗户，楼层，交通位置等。在条件允许的情况下，所订酒店最好离要去的地方近一些。

单位出差报销票据的具体要求及规定，也应清楚、熟悉并严格遵照办理。提前保存好本单位开票名称、税号等信息，以便在外面开票时使用。

**应了解的协助礼仪**

和领导或资深员工一同外出，彼此配合、做好协助是基本职责。

物品的提拿上，不应该出现领导大包小包，而你双手插兜的情况。乘出租时，应该主动拦车或联系车辆，并告之目的地。

在酒店，去前台办理手续的不应是领导，除非单位规定就是如此。发现房间里设备有问题或领导有特殊要求的，应主动和酒店协调。

住同一个房间时，像洗水杯、倒茶等这些眼力活，作为新员工应主动承担起来。同时，绝不能因个人习惯而影响他人休息。

对酒店周边的地理位置不太熟时，主动到酒店前台索取酒店名片（包括酒店名字、地址、联系电话等），以便找不到回酒店的路时，能看名片找路。

对外沟通时，做好协助和配合，如记录一些信息。而不应任由领导或资深员工和对方沟通，你当看客。对于这一点，也可以事先商量好你在沟通中的角色或者沟通的切入内容、分寸。而对其他人在对外沟通中表达出的错误信息，特别是可能给本单位带来损失的错误，你有及时、得体提醒的责任。

**公共场所礼仪**

乘火车。有序进入车厢，较大行李放在行李架上，而不是放在过道或小桌上。脚上有异味的话，就不应脱鞋，更不应脱鞋后把脚伸到对面座位上。车厢里不要大声喧哗。有吸烟习惯的，不能在车厢内吸烟。不随地吐痰，不乱扔果皮纸屑。阅读后的报纸或杂志要整理好，不随便乱扔。餐车用餐结束应尽快离开，用餐高峰时段不要在餐车休息、聊天，以免影响他人用餐就座。除非你是无座票，不得已时到餐车以就餐的名义稍事休息。

坐飞机。手提箱放进行李舱中，系好安全带等待起飞。播放安全注意事项时应保持安静。服从空乘人员的安排和指挥，不能无理取闹，更不能提不合理要求。不能把乘务员当成私人保姆不停呼叫，也不要故意刁难。有意见可向航空公司有关部门投诉，不要在飞机上与乘务员大吵大闹。飞机机舱内通风不好，不要在登机前过多使用香水，也不要使用味道浓烈的化妆品。想把座椅靠背向后放下时，应先和后面的人打招呼。

住酒店。在通过走廊、进入电梯或是接受酒店里所提供的各项服务时，要懂得礼让他人。酒店里保持安静是基本要求，即使是在房间里。个人衣物不悬挂在公用走廊或临街窗户外、阳台上。客房或其他场所的公用物品不可以据为己有。穿内衣内裤、背心、睡裙之类“卧室装”在酒店公共场所活动，是不得体的行为。

**注意尊次礼仪**

注意座位尊次有别，即使领导没有要求或不在意，当有客人在场时，你也不可以随意。

谨记以右为上座，对门座、居中座，以及以安全、舒适、方便欣赏景物座为上座，当然，私下里领导自己随意而坐且不愿调换时除外。

和对方见面时，主动上前把领导介绍给对方，而不应等着领导作自我介绍或给你作介绍。

餐桌上或会谈的时候，等双方主要领导就座后，自己再入座。要注意衬托领导的主要身份不越位。

当客户和领导谈话时，注意倾听，对方有这次会面商谈相关的问题问你时，如没有明确答案或没有获得授权，应直接或间接地征询领导的意见后答复，不乱说话。当领导或同事在和客户沟通时，不插话。

属领导的小范围谈话，或领导遇到亲朋故旧时的谈话，或者领导们在说你不了解、和外出所办之事无关联的话题，或有意压低声音说“悄悄话”，都应考虑暂时回避。

陪同领导外出期间，你们之间谈论的和工作无关的话题或领导和其他人的谈话内容，除领导明确表示传达的以外，其他内容不应随意透露。

# 应了解的文书礼仪

这里介绍的是新员工因公往来常用文书所要注意的礼仪规则和书写惯例。包括请示、报告、通知、收据、请柬。

**因公文书注意事项**

对于打印的因公往来文书，特别是请示、报告、通知这些正式文书，必须规范，字号、字体、标题层次都有要求。

主标题一般用加粗的宋体二号字，二级标题用黑体三号字，三级标题用仿宋加粗三号字。正文用仿宋三号字。一般上边距 2.5 厘米，下边距 2 厘米，每页 20 行，每行 25 个字。

结构层次序数。第一层为“一、”，第二层为“(一)”，第三层为“1.”，第四层为“(1)”，第五层为“①”，第六层为“A.”，第七层为“a.”。

成文时间用汉字，“零”写为“○”，以右空 4 个字符为标准，例如，二○一五年十二月三十日。

因公的这些文书，不是私人信件也不是喊口号，所以从内容到形式都力求准确，文字朴实，力戒空话、大话、废话。

需要盖章的文书，重要的文书还应加盖骑缝章，也就是公章要均匀盖压在两页可折叠纸的中缝上，验证时，两半相对，公章应完整、合一。也可以把图章盖在每页纸的边上，一个图章的各个部分分别在几张纸上，几张纸上的章印拼在一起组成一个完整的章印。

只需要在结尾落款处盖章的话，注意印章不压正文，讲究“骑年盖月”，也就是章要盖在年份的上面，章的 1/3 在年份下面，同时盖住整个月份。骑缝章和“骑年盖月”是为了防止篡改文书日期、造假。

用 A4 纸打印。

**请示应当一文一事**

请示是下级单位向所属上级单位请求指示和批准的文书。

请示时注意观点要明确，事项和理由要具体，内容要集中，一文一事。

原则上主送一个上级机关，根据需要同时抄送相关上级机关和同级机关，不抄送下级机关，也不可以越级请示。受双重领导的机关向一个上级机关行文，必要时抄送另一个上级机关。

下级机关的请示事项，如需以本机关名义向上级机关请示，应当提出倾向性意见后上报，不得原文转报上级机关。

标题。由发文机关、事由、文种构成，有时省去发文机关。主送机关只能有一个。

正文。开头写明请示缘由。用“特请示如下”引起下文。交代请示的原因、依据，可能因情形复杂、原因多样而形成较大篇幅，应注意条理分明，事理充分，简括而有力。主体内容写明请示事项。全文的主旨与核心，要求上级机关给予哪些指示、批准哪些措施，都要写清楚，同时做到简明扼要。

结尾。另起段，习惯用语一般有“当否，请批示”“请予批准”“请指示”“妥否，请批复”“以上请示，请予审批”等。

落款。一般包括署名和成文时间两个项目内容。标题写明发文机关的，这里不再署单位名称，但要加盖单位公章、注明成文时间。

例文：

×××处：

应×××公司（单位）的邀请，我公司拟派×××（写明真实身份，真实身份不宜公开的，就写能对外公开的身份）等×人，于××××年×月前往×××。

一、出访的主要任务

（一）××××××××。

（二）××××××××。

（三）××××××××。

二、出访的时间和费用

拟订于×月×日至×月×日出访，在外停留×天。出访费用由派人单位（或对方）负担。

以上请示，妥否，请批复。

附：出访人员名单

×××××

××××年××月×日

### 报告不可夹带请示

报告是向上级机关汇报工作、反映情况、提出意见或者建议，答复上级机关的询问所使用的文书，报告使用范围很广。一般按照工作计划，每完成一项任务，都要向上级写报告，反映工作中的基本情况、工作中取得的经验教训、存在的问题以及今后的工作设想等，以取得上级领导部门的指导，是和上级领导沟通的桥梁，一般不需要批复。写作时注重汇报性，多用叙述方法，情况确凿，观点鲜明，口吻得体，不夹带请示事项。

标题。包括事由和公文名称。

称呼。收文机关或主管领导人。

正文。结构与一般公文相同。从内容上看，报告情况的，应有情况、说明、结论三部分，其中情况不能省略；报告意见的，应有依据、说明、设想三部分。从形式上看，复杂一点的要分开头、主体、结尾。开头使用较多的是导语式、提问式，给个总概念或引起注意。主体可分几部分说明。报告应避免太长，一般应控制在两三千字。

结尾。呈转报告的要写上“以上报告如无不妥，请批转 ×× 参照执行”。

落款。写明发文机关、日期。

**通知要注意时效性**

通知讲究时效性，是告知立即办理、执行，或知会、照会的事项。有一些通知直接在单位内部告示栏写出或张贴。

标题。可以在“通知”前面写上制发机关或单位名称及事由，也可以只在第一行正中写“通知”二字，如果事情重要或紧急，也可以写“重要通知”或“紧急通知”，以引起重视。

正文。空两格写正文，一般采用条款式行文，可以简明扼要，使被通知者能一目了然，便于遵照执行。要写明制发通知的理由、目的、依据，分条列项，条目分明。例如，开会的通知要写清会议时间、地点、参会人员、会议名称以及参会要求。布置工作的通知，要写清所通知事件的目的、意义以及具体要求和做法。

结尾。可以单写结束语。在前言和主体之间，如未用“特作如下通知”作为过渡语的话，则可用“特此通知”来结尾。

落款。署名和日期分两行写在正文右下方。

××××公司关于召开学习和传承中华传统文化活动的通知

所属各单位：

中华经典是中华优秀传统文化的主干和精华，为了传承和弘扬中华优秀传统文化，建设共有精神家园、和谐企业，同时做好今年的德育工作，经研究决定召开学习和传承中华传统文化的活动。现将有关事项通知如下。

一、活动内容：……

二、参加人员：……

三、活动时间、地点：……

四、要求：……

××××公司

××××年×月×日

## 收据事项要说清楚

收据是单位或个人收到现金或财物时向对方出具的凭据，也称收条。

收据应写清楚物品的品种、规格、型号、数量、签收人以及具体时间等信息。对于款项方面的收据，单位财务部门一般都有统一的格式，发生业务时，只要按其规定的格式填写就可以了，收到的具体事项，务必要说清楚，包括大小、数量、规范、款式。日常书写的时候，可以参考以下例文。

**收 据**

今收到：×× 出版社交来靳斓老师《商务礼仪与交往艺术》图书样书，册数：100，全新未开封。

×××× 公司（印章）

经手人：××

×××× 年 × 月 × 日

## 请柬注意简练贴切

请柬，又叫请帖、邀请函。是为邀请宾客而发出的书面通知，也是为表示对客人的尊敬、表明郑重的态度，使被邀者体会到主办方的热情与诚意。如是书面请柬，鉴于篇幅有限，书写需注意措辞的简练、贴切，切忌语言的乏味和浮夸。

书写正文一般不用圆珠笔，而是用钢笔、毛笔或签字笔，字是黑色或蓝色。

目前，在商务交往中所采用的请柬，基本上都是横式请柬。行文自左向右，自上而下地横写。还有竖式请柬，行文是自上而下、自右而左地竖写。

称呼。首行顶格书写被邀请者的姓名或被邀请单位的名称。有的请柬把被邀请者的姓名或被邀请单位的名称放在末行，也要顶格书写。

正文。写明被邀请者参加活动的内容，如参加座谈会、联欢会、宴会，交代具体时间、地点。如果有其他活动，如观看表演，在请柬上注明或附入场券。

结尾。写“敬请光临”“致以敬礼”等。

落款。写明邀请人的单位或姓名和发出请柬的时间。

**请　柬**

谨定于××××年×月×日下午在××××酒店举行中秋茶话会，欢迎××××院教授×××先生及其夫人。

敬请光临！

××××公司

××××年×月×日

电话：××××

# 会议前要做的准备

工作会议是单位集中传达重要事项或讨论工作事宜的集会。参会者因在会议上所处角色的不同，而有不同的举止要求。

会议在哪儿开？什么时候开？会议主题是什么？会议要开多久？这次会议自己或者本部门有什么问题需要解决？带着问题参会，效果当然会更好。

即使平时对穿着没要求，但有外单位或者上级单位领导参加时，穿着也应比平时正式一些。这是事关单位形象和员工精神面貌的问题，不容忽视。

我应邀参加某单位的服务管理座谈会。应邀参加的还有该单位上级主管单位领导、协会领导共几十人，不可谓不隆重。让我感到惊讶的是，和我们这些嘉宾及他们的领导个个正装相比，该单位的员工代表中，有两位却穿得很“轻松”：一名男员工穿着无领T恤、牛仔裤，一名女员工穿着超短裤！随后的发言中，该单位上级主管单位的领导就看着那两名员工，意味深长地说：首先就要服务形象规范化，像今天这样的着装肯定不行！

参加会议时，不能只带着脑袋，应提前准备好记录的本、笔等。会议开始前把手机设置为振动或静音模式，保持会场肃静。如有必要，会前就要去卫生间，以便没有“遗留问题”。到达会场时谨守分寸，选择符合自己身份的位置入座。

如有机会发言时，提前认真准备发言内容，发言内容应围绕会议主旨、解决问题提具体建议，杜绝敲边鼓，浪费大家的时间。

## 他人发言注意倾听

工作会议是因“公”而开，无论是有外单位人员参加的会议，还是本单位的内部会议，都必须遵守礼仪要求。

**约束举止**

不迟到、不早退。会议开始前5分钟左右就应进入会场，不要让大家等你“粉墨”登场。也不应挑最偏远的地方坐。

会场上保持会议应有的氛围，至少不要添乱。有时候难免会遇到“舍不得结束”的发言者，再加上声音没有激情，语言表达平淡，时间一长就像催眠曲。即使如此，也应提醒自己，绝对不能在会场上睡觉或者干与会议本身无关的事。

发言者议题即使和你没有直接关系，也不应有消极表现。适当了解对工作至少没有坏处。

不要有让人反感的举止。如脱鞋、抖腿、躺坐在座位上、转笔、捏矿泉水瓶等。

本部门或人数少的会议，应积极发言，做个会议的参与者。这正是领导所希望的。

工作再忙，也要避免直接在会场接打手机。有紧急电话时，以不影响他人的方式离开会场，到外面接听，并三言两语结束。因公非回不可的微信，简单沟通后，等会议结束后再联络，不要在领导讲话时你的微信来来往往个没完。

会场上拍照应用静音，关闭快门，以免影响其他人。

有急事找会场里的人，不应敲门往里闯。比较得体的方式是：以不影响他人的方式进入会议室，并将写好事项或要找人的字条交给有关人员。

会中尽量不离开会场。必须离开时也要轻手轻脚，不干扰他人。长时间离开或提前退场，应该和会议组织者或自己的主管领导打招呼，说明理由，征得同意后再离开。

**表达关注**

在公共场合发言的人，都希望听众能关注自己，和自己有眼神交流，最好能有积极表情。当我们是观众时，对发言者也应这样，这是礼貌；而对发言者来说，是鼓励更是礼遇。

他人发言时，不应东倒西歪或趴在桌子上，更不应交头接耳、随意走动、接打电话、刷微信或视频、玩手机游戏、看书、抽烟、吃零食、睡觉、玩手头的东西等。即使对发言人不满，也不可以有吹口哨、鼓倒掌、喧哗起哄等失礼行为。听到重要、有启发或者和自己的工作相关的信息应认真记录。他人发言期间，表现出严谨的态度、认真听讲的姿态不仅能表明你的工作态度，也是对正在发言者的尊重。开会一般都有领导在场，你的心不在焉会影响领导对你的评价。

发言中还要给予积极的回应，并不是一直老老实实地坐着就是尊重对方，而是应有一定的目光交流，对待赞同的观点时，应用点头、微笑或目光注视对方等方式给予回应。

他人发言结束，鼓掌以示对他讲话的肯定和支持。

**小范围会议**

这里所指的小范围会议，是指人数少的会议，可能是部门会议，也可能是跨部门会议，甚至是有外单位人员参加的会议。在小范围会议，大部分人都有发言的机会。

即使是小范围会议，打断他人发言也是失礼的行为。有问题可以等对方停顿或者结束的时候再提出。听不清楚或不明白的地方，可以请对方再做说明。要求发言先示意，经过主持人或发言人同意后再发言。发言中即使观点不同，也必须友好，以理服人，不讽刺挖苦，不人身攻击。发言后对在场所有人表示感谢。

即使不认同他人发言，也必须控制情绪，粗暴否定是无礼的。

## 自己发言注意举止

据《中国新闻周刊》报道，“首届世界大城市高层论坛”在某城市举行，有25个国家近60个城市的市长和市长代表参会。某些市长的发言表现遭到了媒体的非议。发言时不讲场合，千篇一律，用的全是平时政治生活中的那一套“话语系统”，讲政治宣传多、讲问题研究少，以致外国的市长和记者感觉这些发言者都是一个面孔，听得“云里雾里，不知所云”。

我们作为新员工，如需要发言时，也务必要注意发言礼仪。

会议发言有正式发言和自由发言两种，前者一般是领导报告，而后者一般是讨论发言。

发言者应穿着整齐，特别是大型会议、庄重的会议及涉外会议时，应穿着正装。发言人内容的安排上，必须围绕会议主题及自己所提出的主题做发言，内容宜短不宜长，重点放在问题的提出和解决上，而不应讲套话，否则无疑是对所有与会者的不尊重，也是浪费他人的宝贵时间。

人数很少的会议，特别是圆桌会议，可以坐着说。但在大的会议室，参会人员百人以上，如果再坐着说，可能与会者就不知道是谁在发言了。

工作会议中偶尔的微笑、不时环视会场上的每个人，既展示了自信，又说明重视会场上的每个人。发言的时候把握好语速，口齿清晰，讲究逻辑，简明扼要。发言过程中应适时地提高或者降低音量，以渲染情感。

正式发言时，发言者走上主席台要步态自然，刚劲有力，表现出一种成竹在胸、自信自强的风度与气质。

书面发言则要注意适当停顿，停顿时抬头扫视一下会场，和与会者做眼神交流，不能一直旁若无人地低头读稿。

自由发言则较随意。但也要注意发言顺序和秩序，不能争抢发言；发言则宜简短，而观点应明确；与他人有分歧时，要以理服人，态度平和，听从主持人的指挥。

有人对自己的发言提问，应礼貌而简短地回答，不能答非所问，或者绕圈子。对不能回答的问题，要机智而礼貌地说明理由或者避开，对提问人的批评和意见应认真听取，即使提问者的批评是错误的，也不应失态。

据《南方周末》报道，李瑞环任天津市市长时，常与人大代表、政协委员和各界群众开对话会，每次都是电视现场直播，一问一答，非常活跃。在一次对话会上，一位老太太提出她家的煤气灶常点不着火，有关部门领导现场解答，讲了许多数字、原因和道理，言外之意就是：由于“供不应求”，点不着火很正常，我们没有责任。李瑞环打断他的话说：“那些数字对老百姓没有用，你就告诉大娘多长时间能解决这个问题。”这番话赢得了热烈掌声，还被媒体誉为“老太太哲学”，传为佳话。

注意运用适当的身体语言，以让自己的讲话更容易被与会者理解、接受。不要摆出双手紧握或双臂交叉胸前的防卫姿势；也不宜摆出说教式的动作，即那些指指点点表示强调、坐在台前交叉握双手、手指撑出一个高塔形状的动作。这些在他人看来，都是自大的表现。

发言完毕应向全体与会者表示感谢。

## 应了解的礼宾位次

某单位领导曾和我说起他当年的一次尴尬经历。某次县政府安排宴请，他作为随员也陪同出席。他早早到了宴会厅，来到自己所在的那一桌，但餐桌上没有名牌，就随便坐在一个座位上。没一会儿，大家陆陆续续都来了。奇怪的是，一位县领导站在他边上一直没有入座。还是一位秘书发现了问题，赶紧过来悄悄地跟他说：你坐的是领导的座位……宴请是正式的活动，位次也是需要讲究的事项之一，乱坐座位是很失礼的事情。

位次问题事关各方身份、礼遇。不同的场合、不同的角色，往往有不同的位次规范。作为新员工，务必要多了解一些注意事项，避免出现尴尬的局面。

**乘车排位不可随意**

常见的商务车是五座轿车，座次因驾驶者的不同而不同：有专门司机开车时，后排右座是第一上座；如果领导或者朋友亲自开车，第一上座为副驾驶座（如图 3-10 所示）。

图 3-10　五座轿车座位

### 会议排位讲究甚多

会议的主席台座位如有多排，在座次上以第一排为尊，每一排以中间为尊。依照我国政府座次安排的传统，一般由中间按左高右低顺序往两边排开，即左边座位身份比右边座位身份高。而如果是企业类或者安排涉外会议时，可以遵循国际惯例，即由中间按右高左低顺序往两边排开，即右边座位身份比左边座位身份高。

在会议室接待时，以客为尊，并将尊贵的位置让给来宾。如果会谈安排在室内，应按照以下原则确定座位的尊位：面向房间正门的位置为上座；以离正门最远的座位为尊；居中位置为上座；以右边为上座（这是国际惯例，在部分政务场合的主席台上，仍遵循以左为上的传统礼宾次序）；以前排为上座。

### 餐桌排位宾主有别

在这里介绍的是因公交往中的用餐。既然是因公交往，必然要讲究礼宾次序。

一般来说，在餐厅里，即使没有名牌，通过餐桌上的餐巾花也能看得出来。每一桌的主座餐巾花会与众不同。即使空着没人坐，普通身份的人也不能贸然去坐。而对于我们新员工来说，最保险的坐法是离主位远一点。

两桌以上的宴请，一般每桌都应有主方人员，以方便照顾客人。

每桌有一位主要陪同人员时，主宾在其右侧就座，即在“1”的位置就座（如图 3–11 所示）。

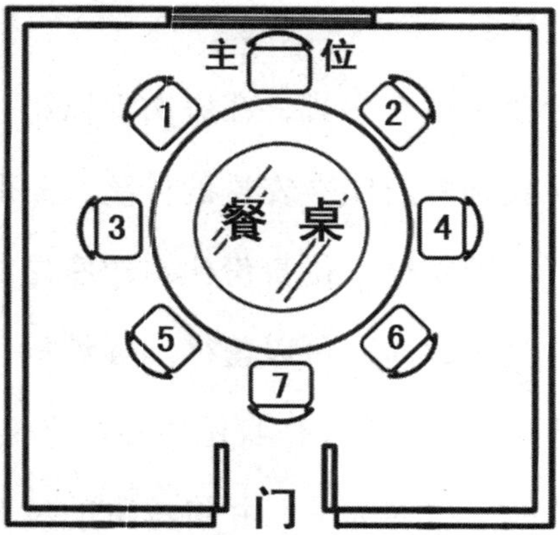


图 3-11 一位主陪时的位次

每桌有两位主要陪同人员时，则排列如下（如图 3-12 所示）。

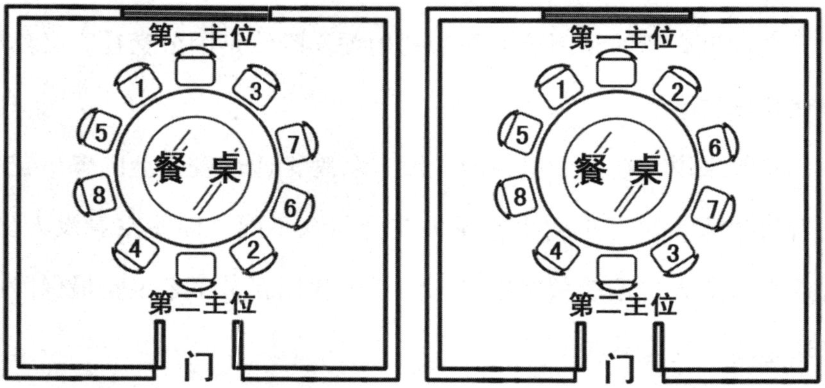


图 3-12 每桌两位主陪时的不同排列方式

除了上面介绍的相对复杂的位次问题，还有几种相对简单的位次安排。我们重点要知道哪个座位是上座，然后在具体场景下，根据自己当时的身份来决定如何坐。

当两人并排就座时，通常以右为上座，以左为次座。三人时，居于中座者在位次上要高于在其两侧就餐者。面对正门者为上座，背对正门者为次座。

当餐厅有优美的景致或演出时，欣赏角度最佳的座位为上座。

人少且较随意时，靠近过道、容易受干扰的座位是次座。与之相反的则是上座。

## 小提示大道理

九层之台，起于累土。必须不驰于空想、不骛于虚声，一步一个脚印，踏踏实实干好工作。

第四课

# 新员工内部交往艺术

THE
FOURTH LESSON

# 他山之石

给某企业培训时，部门经理吴经理跟我聊了她的职场经历。她当初是以应届毕业生身份入职的。作为职场“菜鸟”，经常遭到主管不耐烦的批评，她觉得饱受委屈。公司办公楼的保洁大姐见状，不时和她聊几句，鼓励她。每当看到此景，主管总是没好气地说：“你呀，好好做事吧，和一个打扫卫生的有什么好聊的？”但是小吴觉得正是那位保洁大姐的温暖，她才有了不断进步的动力。

两年后建立了分公司，那位保洁大姐居然做了行政经理！原来她是老总妻妹，虽然有能力也有经验，但因特殊的身份一开始就担任职务怕做不好，这才边做保洁边熟悉公司。这则真实故事的后续是吴经理的主管被辞退，入职两年的小吴任主管。

对于职场来说，多看多做少说，与人为善，不以貌取人，这是作为新员工应该谨记的。

内求和谐，才能外谋发展。想要有良好的工作氛围，对外关系要得心应手，内部关系要游刃有余。尊重领导是天职，尊重同事是本分，尊重所有人是教养。如何体现尊重他人是交往艺术，是职场必修课。

## 工作场合举止有度

“魔鬼隐藏在小节里。”毫无疑问，职场中不注意小节，无论对人际关系还是对工作，都有极大的负面作用。

2015 年 2 月网络上曝光的一段视频，引起很大反响。某市行政服务大厅内，市民排着长长的队伍等着办事，镜头中一位工作人员却优哉游哉地“跷着二郎腿”嗑瓜子。这让不少市民很不满。虽然后来回应“他真的有病，需要不断进食，不然就会晕倒”。患这种病的人是否适合在一线岗位工作，吃瓜子是否能解决问题，相信自有公论。但在岗位上“跷着二郎腿”嗑瓜子的这种漫不经心的状态，导致网民对此事的批评占了绝大多数。

工作场合的言行举止是一个人是否训练有素、是否爱岗敬业、是否重视自己职业的直观表现。重视自己的职业，别人才会高看你一眼；管得住自己言行举止的人，才值得别人信赖。

坐有坐相，站有站相，避免懒散、有失礼仪。

开关门、抽屉，摆放物品避免发出大的噪声。

借用物品及时归还，这和物品的价值几许无关。

私人情绪控制在办公室外，不影响工作，不发泄于同事。

自己的事情自己做，他人没有义务代劳你分内的工作。

同事交往尽可能“雨露均沾”，不应有明显的两极分化。

不起不雅绰号，不拿私事开玩笑，不把粗话带进办公室。

一诺千金，即使是口头答应。职场不容信口开河。

在他人面前不开让同事尴尬的玩笑。

他人说话，不插话或打断，不说气话，注意倾听，不同时干其他无关的事。

见到领导、同事，主动打招呼，不可以装作不认识或躲着走。

公用电脑的程序、口令或密码，任何人都没有权利私自改动。

和领导、资深同事、客户一道乘车外出，应主动后上，并关好车门。

办公室内不可抽烟，即使都是男士也不行，应无条件尊重他人的健康权。

代表单位外出开会、学习应带回材料，没材料也应口头或书面汇报。

出差时，绝对服从人员、时间、经费、工作等安排，不提无关、无理要求。

在电梯、楼梯或办公场所和客人、领导相遇时，道路狭窄处做到主动礼让，不抢行。

工作时间在岗位上不刷手机或视频，不玩游戏，少接打私人电话，不处理私人事情。

## 注意尊重他人领地

“私人空间”既指物理距离，也指心理距离，是个人权益和心理安全的表现。在职场交往中，应根据双方的不同关系，保持适当的距离，否则很容易引起他人反感。同事间“私人空间”怎样把握，也是人际交往的艺术，职场新人务必注意。

**尊重隐私空间**

正常情况下，他人物品在没有获得同意之前不能动。

同事的快递，在没有获得本人授权的情况下不拆、不看，并及时转交。

工作往来中个人行为也属于隐私的范畴，同样不要去打探，包括和客户的工作交往——除非是工作的需求，要求通报、告知。

进他人房间应先敲门，即使门开着也要在得到允许后进入，离开时让门的开关程度恢复到进门时的样子。

**注意隐私距离**

双方是什么样的关系，以及在什么场合，应保持相应的距离，这是隐私和安全的需要。一般来说，人和人之间的距离小于 0.5 米属于私人距离，仅适用于家人、恋人和至交（在特殊场景中除外，如相邻的座位距离）。距离大于 0.5 米、小于 1.5 米，适用于一般性的交际应酬，所以也称“社交距离”。而距离大于 1.5 米、小于 3 米，适用于会议、演讲、庆典、仪式及接见的场合，意在向对方表示敬意，所以又称“礼仪距离”。和他人的距离在 3 米以外，适用于在公共场所和陌生人相处。

**尊重私人时间**

工作上的事，尽量不占用他人的私人时间，除非是在工作任务所需或十万火急，抑或得到授权的情况下。

因公拜访，除非对方建议，否则不应安排在休息日、节假日或晚上，因为这是私人时间。

去他人家里拜访，必须提前约定、在指定的时间到达、约定的时间长度内离开。没有约定时间长度时，一般半小时到一小时为限。还应确保在用餐时间、休息时间之前半小时离开。

## 不打听隐私

谁都有隐私，如情感的问题、家庭的不幸、事业的失败、生活的挫折等等，并不希望外人知道。

个人收入，在计划经济时代全国透明，不是隐私。但现在的收入，因个人能力、机遇及地区不同而差异很大，所以就成了个人隐私问题，不应随便打探（如图 4-1 所示）。

将薪比薪，是找不痛快的途径。如果在办公室谈论，工资高的，则暗暗高兴；工资低的，往往不会去想自己的能力和贡献，只会心理不平衡，特别是当晚生、后辈的工资比自己高时，会影响同事间本应和谐的工作关系。

一个人的过去，如果对方没有主动向你介绍，那对方就可能认为是隐私，不应再去打探。个人隐私，也没必要轻易向他人倾诉。要知道，知己或铁哥儿们并不是随便都能遇到的，不要让个人隐私随便被别有用心者利用。

他人向你诉说自己的隐私，是对你无比的信任。倾听者要做的就是不对外张扬，这也是对方最希望的。

还有，自己的不幸、“伤口”也是自己的隐私，所以职场中不应随便晒给别人看，因为对于新入职的你来说，分不清哪些人会给你撒云南白药，哪些人会给你撒辣椒面和盐……

图 4-1　不要打探他人的工资

# 同事交往求同存异

同事是与自己长期共事的人。如果同事之间关系融洽，就会有一个轻松愉悦的工作氛围；反之则会影响正常工作，阻碍事业发展。

任何单位都不希望看到员工之间不和谐，因为这会造成关系紧张，影响团队战斗力。而作为新员工，注意和谐同事关系，也是基本的职业素养要求。

每个人的工作既相对独立，又都关联全局。只顾自己不管他人，势必会影响整体形象和团队凝聚力。一个单位的工作就像下棋，输赢系于每个棋子，“一着不慎，满盘皆输”。整个棋局都输了，这时再有力量的棋子也没有任何价值。只有相互联合、相互依存，双赢才会皆大欢喜。

所以，工作中如果总是强调个体，放大差异，只能使大家离共同目标越来越远，最终满盘皆输。避免这种情况的关键，就是尊重不同意见，求同存异。

虽然大家个性志趣不同，工作风格也相异，但都是为了做好工作这一共同目标。在这一目标下，即使性格不合，也应以大局为重，互相包容。工作是大家共同的事情，遇事互相商量，尊重同事意见，特别是资深员工的意见，毕竟他们更有经验。即便有不同意见，本着求同存异的原则也可以很好解决。甚至可以用请教的方式，倾听他人的高见，毕竟作为工作资历尚浅的你，不一定完全正确。听他人意见的过程，既体现了你的谦虚，也了解了他人的想法，不管从哪个角度来说都不是坏事（如图 4–2 所示）。

你如何待人，他人就如何待你。学会求同存异，积极为他人着想，就会产生同化，大家的关系就会融洽，从而会营造出良好的工作氛围。

## 积极配合共同成长

现代社会，强调分工也注重合作。一个单位就像小社会，大家的工作相对独立但又有着千丝万缕的联系。要把每件工作都做好，需要大家的积极配合，朝着同一目标共同努力，大家就会“共享”成功；如果各自为政，大家只能“共享”失败。

俄国作家克雷洛夫写过一则寓言：一天，天鹅、梭子鱼和虾一起，要从大路上把一辆货车拖走。它们都使劲拉，但货车还是一动不动。是车上的东西太重了吗？不是。原来，天鹅拼命地向云里冲，虾尽全力向后拖，梭子鱼拼命往河里拉。它们向三个方向各使各的劲，力被相互抵消，车子当然不动了。它们虽然各有各的本领，但缺乏朝着同一方向积极配合、共同努力的意识。

图 4-2 要善于和同事交流

新时代的我们，更要有新的合作意识。身在职场，必须和其他人携手合作，把大家的才华、技能、知识、专长等都集中起来，共同努力，才能使任务完成得更快、更好。所以，工作中不应该有分内分外之分，分内的工作是必须完成的，而分外的工作则应在完成本职工作的前提下，尽量配合。

同事之间应有互相补台的胸襟。这需要有良好的心态，乐见他人成功，乐见他人把事情做好，分工以内做到位，分工以外不插手，别人的事情多补台。而不应“笑人无、恨人有”。帮别人补台，当无名英雄，不管是同事还是领导，都会看到你的为人，最终结果是大家都愿为你补台。再能干、再聪明的人也会有疏漏之处，做好工作离不开别人的帮助，离不开别人的补台。

工作中应多考虑配合，在能力和条件允许的范围内适当帮助他人，服从工作安排，服从单位或部门的整体利益，不必过分强调应不应该，甚至有时为了集体利益还会牺牲一点个人利益。大家都是团队的一员，无论是谁都会有需要别人帮助的时候。

所以，必须学会积极配合他人，不管是部门内的还是部门外的，都是本单位的事。

另外，对于新员工来说，配合还体现在主动为大家做一些力所能及的小事，以赢得大家信任，使大家更快地在心理上接纳你、在工作中支持和帮助你。如主动帮着送文件、复印资料、发快递、倒茶水、搞办公室的卫生，等等。

# 有矛盾就积极化解

有人的地方就有矛盾。有些人习惯以自我为中心，有矛盾时不去积极化解，还总是以对方之劣与己方之优来对比，从而产生优越于他人的错觉，使矛盾加深，同事关系变糟。

**提前预防**

事实证明，同事间很多矛盾都是由主观原因引起的，大部分可以预防。

体谅不良情绪。谁都会有不顺，当同事心情不好时，说话做事就应注意一点，大家毕竟朝夕相处，多一点体谅，不必过于计较人家在非常状况下的态度。而关系不错的，还应主动表达关心，该安慰则安慰，能出主意则出主意。分担痛苦让痛苦减半，分享快乐使快乐加倍。

注意态度。工作中应注意自己的态度，不把生活中的不良情绪带到工作中，避免出现让人觉得不耐烦、挖苦的说话方式，尽量多用商量、赞许的语气说话。尽量控制自己的情绪，一旦自己因情绪失控说了不中听的话，应第一时间致歉并解释原因。即使和比自己起点低甚至不如自己的同事交往，也要杜绝带着傲气，更不可贬低他人。

我在某企业培训时，单位领导希望我能在培训内容中加入态度方面的问题。他说，有一名职工是某名校毕业生，入职后大家很快就发现他傲气十足。这名员工平时和同事说话总喜欢用质疑的口吻甚至反问的方式。即使处理的工作不如同事甚至出现了问题，也喜欢贬低别人的成果然后加上一副不屑一顾的表情。

职场中注意与他人交往的态度，就是在少树敌，多铺路。只有先改变自己的态度，才能改变人生的高度。

不较真。除非是涉及原则性的问题，对一些无关紧要的事，没必要抓住不放，而应大事化小、小事化了。不要将简单的问题复杂化，如果非要将鸡毛蒜皮类的小事弄个水落石出，论出个是非长短，自己身心疲惫不说，还会得罪同事。谨记：忍一时之气，免百日之忧。

保持低调。取得成绩、奖励或受到领导肯定时，在同事面前保持适当的低调，尽量消除一部分人可能有的妒忌心理和抵触情绪。平时的着装打扮，也不应过分张扬、另类。否则，极易造成他人的反感，这也是同事关系不和谐的根源之一。

**不激化**

多理解他人。因为每个人都有自己的个性和想法，没有理由苛求他人都迎合自己的意愿。工作交往中难免会发生误解、争执。一旦出现，首先要换个角度，站在对方的立场，多为对方着想，其次理解对方的处境，不能在背后议论是非或指桑骂槐。多反思自己的问题，而不是一味地指责。

同事间一旦出现问题，首要的就是不激化矛盾、不刺激同事，确保事情不会向更坏的方向发展。这样的处理方式，需要理性的头脑和博大的胸怀。

待大家心情都平复后，再私下沟通。但如果沟通中只一味地辩解自己是对的，或者盛气凌人、不依不饶，即使赢得争论，往往也会让他人觉得你不近人情、霸道。

沟通调和。矛盾一经产生，要理智地分析问题、解决矛盾，不能视而不见。虽说“黑炭洗不白，金子染不黑”，但出现矛盾，还是要及时沟通、化解。以积极主动的姿态和强烈的自我控制意识，与同事做良好沟通，以得到理解和信任，解除误会。沟通后，即使对方不理解、不接受也没关系，至少其他人看到了你的善意和诚意。不好意思当面道歉的，可以借助电话、微信来表达。

遇事三思而后行，克服猜忌心理，多问几个为什么，大部分情况下是一个巴掌拍不响的。再有矛盾，终究还是同事，一家人不说两家话，切忌“听风就是雨”，否则不仅伤害同事感情，影响工作，还会被别有用心的人利用。

**以德报怨**

化解矛盾从“治己”开始。出现矛盾或分歧时，先找自身原因，从而确定解决矛盾的最佳姿态。即使矛盾主因是对方，也应多些体谅和尊重，毕竟大家朝夕相处。在无关原则的事情上，不做计较，工作上该配合还是一如既往地配合，不应把矛盾总挂在脸上、带到工作中。

“相逢一笑泯恩仇”，况且还谈不上“恩”“仇”。产生矛盾时，第一个微笑是值得敬重的，也是双方解决矛盾的转机。是自己的错，笑能表达歉意；是对方的错，笑能表达宽容。

## 异性交往把握原则

陈亮最近正为公司里的传闻而郁闷不已。原来，公司最近都在传说陈亮和公关部的“女神”李晶晶——“亮晶晶”有情况，说得有鼻子有眼还外加目击证人。陈亮因工作关系需要经常和李晶晶联系，同时出于绅士风度，对李晶晶呵护有加，甚至在休息时间陪心情不好的李晶晶逛了几次街。就因为这些，陈亮成了公司的“新闻人物”，也使得在外地的未婚妻和他闹分手。

“亮晶晶”的问题，源自职场中的异性交往没把握好度，才招致误会。俗话说“男女搭配，干活不累”。但把握不好交往原则时，反而会招致不必要的烦恼。

**需要平等相处**

在职场，男女同事之间应友好相处、平等相处，否则男士的“重女轻男”会被认为轻浮，而女士的“重女轻男”则会被认为高傲。工作场合，男士应把女同事看作“中性人”，不必给予特殊照顾。否则很容易引起他人议论，更有可能会让女同事认为你觉得她缺乏能力，甚至觉得是有所图。而女士也应把男同事看成是平等的共事关系，没有什么义务给你额外的帮助。平等共处，女同事忌讳工作上“人家是女生嘛”之类的撒娇意识；而男同事忌讳表现出大男子主义、对女同事指手画脚、听不进女同事的建议、喜欢指挥人家。

工作平等共处，并不意味着什么时候都不讲男女有别。尊重社交场合“女士优先”的惯例，并且在体力活上适当照顾女同事。而女同事对于男士的绅士风度应大方地表示感谢。

即使因异性同事的失误给工作带来麻烦，也应尽可能地不当着其他人的面责备，最好私下里冷静地告诉对方。更不要拿对方的不足和其他异性做比较，这会伤对方的自尊（如图 4–3 所示）。

**举止必须有度**

男女毕竟有别，所以举止必须有度，即使玩笑也应适度。禁讲挑逗性语言、荤笑话，以避免不必要的误会。遇到异性同事倾诉情感方面的问题，浅“听”辄止，安慰即可，不应介入太深。或许你觉得没什么，但难免会让对方产生误会。

和异性同事避免肌肤接触，包括拍肩膀。称呼上，不要随便对异性同事只称其名，除非其他人都这样称呼。

女同事的着装，必须考虑到男士的感受，穿着不应过于薄、透、露、短、小、紧。这是对男士起码的尊重，职场中不要试图挑战大家的忍耐极限。

图 4-3　勿拿异性同事相互比较

## 保持适当距离

和异性同事之间的交往，热心、关心都应有度，避免太过。否则，即使你认为没什么，也难免会让对方或其他人觉得你有所企图。一位男同事和一位女同事走得很近，其他女同事往往会自动疏远这位男同事。相反，其他的男同事就会疏远这位女同事。对不同的女同事的确会有亲疏远近之别，但还是应尽可能地在表面上做到一视同仁，避免成为绯闻的来源。

另外，保持适当距离并不是说要过分拒绝和异性相处，那同样不利于自己的工作，显得太过于敏感，也显得缺乏交往技巧。

真没有其他“意思”，就应避免在异性面前发情感方面的牢骚，也不要频繁地赞美异性的形象。

## 大方而不轻浮

异性之间因公交往是再正常不过的事，所以不宜将异性同事之间工作场合的交往、关爱当成是暗示而想入非非。

感觉到异性同事“不对劲”，同时也不希望有什么时，应尽可能避免在工作时间以外的私下交往。这时做好心理调适，把对方当作普通、正常同事来处理工作事务，能使事情变得简单一些。千万不要把办公室的异性关系处理成类似“恋爱关系”所期望的那些表现，在同一个办公室内也应避免和某个异性同事发展成比其他异性更亲密的关系，下班以后朋友之间正常适当往来是另外一回事，但在办公室内必须谨守分寸。

# 职场不要拉帮结派

小蒋竟然被公司辞退了。大家都还记得两年前刚入职的时候，小蒋非常风光，因为工作表现突出，每逢大会必被表扬，俨然成了公司人才储备的第一梯队成员。但随之而来的是，小蒋和公司总经理热门人选肖副总越走越近，在外人看来，他就是肖副总的人。可就在上个月，公司无意中发现了差点被掩盖的关于肖副总的渎职案，以及背后的重大经济问题。肖副总不仅没能成为总经理，反而因违法而入刑。虽然最终没有发现小蒋的问题，但他也因此被公司辞退了。

小蒋事件是一种职场现象。

做好本职工作，以成绩和能力说话是最起码的要求。正常情况下，任何领导都难以提拔没有实际能力的员工，毕竟将来要面对竞争和工作考验，而不是过家家玩游戏。所以，不要指望拉帮结派给自己带来什么额外的“福利”。

也有人觉得拉帮结派至少在出现“问题”的时候，会有人站在自己这边，替自己说话。事实上，对于无关原则的小问题，没有人会过于计较，毕竟谁也难免有小问题。但对于原则性的、造成重大损失甚至涉及违法的问题，即使关系不错也难以帮助蒙混过关，毕竟有单位制度、国家法律。

同时，还要注意保持相对独立，交往中尽可能和绝大部分的人处好关系，避免主动树敌。不必把同事分成三六九等，划等级交往，搞小圈子。与所有的同事都应尽可能保持必要的往来和起码的礼貌。或许有个别人不买账，也不必介意，站在团队的高度不必与之计较，只要问心无愧，做好自己就好，毕竟群众的眼睛是雪亮的。

另外，不要在同事面前议论其他同事的不是。没有不透风的墙，即使"东窗"还有事发的时候呢！职场上背后嚼舌根，难免会传到当事人的耳朵里，也让人感觉你有"派别"之嫌——这不但得罪别人，还无形中把自己推到了很多人的对立面。

## 注意维护领导形象

网络流传的下属几大不懂事：领导敬酒你不喝、领导走路你坐车、领导讲话你啰唆、领导私事你瞎说、领导夹菜你转桌……这从侧面反映了职场中与领导的相处之道。职场中，大家人格上都是平等的，但因分工的不同，领导承担着更大的责任，也就需要扮演相应的角色。所以在和领导的交往中，就需要注意一些技巧，同时维护好领导的形象。

《三国演义》中，官渡之战前，许攸投奔曹操，献了一系列的妙计，为曹操击败袁绍，夺得河北之地立下了赫赫功劳。在曹军占领冀州城后，聚会时许攸直呼曹操小名，说道：“阿瞒，若不是我献计，你能得到这座城池吗？”曹操部将许褚大怒，拔刀杀了许攸。得意忘形的许攸，当众一点不顾及曹操的面子，虽然曹操本人当时没说什么，但想必早已动了杀心，所以事后只是责备了许褚几句就了事了。

“人活一张脸，树活一张皮”，生动形象地说明了人们爱面子、需要维护个人形象的状态，领导者更是如此。作为领导者来说，维护个人形象就是维护工作上的正面形象和工作权威。维护领导的形象要注意以下方面。

**留台阶下**

领导有错时可以纠正，但应该避免当众纠正。如果是无所谓的错误、其他人也没发现，不妨“装聋作哑”。但如果错误明显，确有纠正的必要，最好是以能让领导意识到而不让其他人发现的方式纠正，一个眼神、一个手势或一声咳嗽都可能解决问题，或者事后私下建议（如图 4-4 所示）。

单位组织了新员工见面会，张部长根据名单和大家逐一认识。当读到“张华”时，“张华”赶紧地站起来说：“我叫张烨，火华烨，不是华。”一句话使得张部长挺难堪。这时助理赶紧解围说：“对不起啊，张部长，是我打错字了。”关键时刻给人台阶下，特别是对于领导来说，这也是下属的责任。

图 4-4　避免当众给领导纠错

领导理亏时，给他台阶下。常言道：退一步海阔天空，对领导更应如此，这样也便于单位的管理。领导并不总是正确的，但又都希望自己正确，所以给领导台阶下就是维护领导的尊严，领导必然心知肚明，自然会理解并感谢你的善意，这也是成熟的职场行为。

**距离有度**

某单位组织女职工体检，两人一组地进行。小林和领导正好分在一组。体检乳腺项目时，小林感觉领导好像不好意思，领导迟疑地跟小林说："小林，要不你先去检查其他项目吧"。小林说："不用。领导，我和您一起体检吧。"小林发现领导在短暂的尴尬之后，竟然有点不悦地让小林先体检。

上面案例中，这场尴尬就在于和领导交往时，没有注意到场合以及距离的问题。工作场合，讲究的是"公事公办"。即使和领导私人关系再好，在工作场合、工作时间里，也不能太过随便，应注意保持适当的距离。这样的行为还有：不注意距离空间；不注意礼宾次序，尤其有客人在场时；勾肩搭背，随便拍肩膀；语言上不称呼职务，直呼其名，说令领导尴尬的笑话，说领导的隐私，等等。

**配合与服从**

下级对领导的正常工作分配必须服从、执行，不可以当面顶撞。有不同想法时，可以私下交流。对领导指挥中的错误可以事后提出意见，或者在执行中提出建议。同时，日常工作中积极响应领导号召，自觉配合工作，不可以阳奉阴违、口是心非。

工作上的事，在讨论、建议阶段，有不同意见、想法时，以对事不对人的方式提出来，而不是当面没意见甚至积极支持，背后又乱说，这是非常让人反感的行为（如图 4–5 所示）。

主动做好协助工作。领导和客人洽谈时，拿取、递接资料，端茶送水；和领导在外一起用餐，中途需要服务时，主动叫服务员，用餐结束先去结账；和领导一起出差，主动安排交通工具、订票，安排吃住行；拜访时，和对方领导见面，如双方领导不认识，主动为他们介绍；一起外出时，遇事多帮忙不添乱，在领导发话之前不抢话。

有些人和领导私交很好。但是职场中私交是私交，工作是工作，两者必须分开。不能因为私交好就把工作落在一边或不断出错。私交好应体现在工作的默契配合上，而不是拖后腿。这也是一种配合。

## 领导批评积极应对

人在职场飘，哪能不挨刀。特别是新员工，难免因对工作不熟悉或工作方法等问题受到领导批评。在批评面前，应该是吸取教训、发奋进取，还是垂头丧气、怨天尤人呢？

图 4-5　忌当面不说背后乱说

### 虚心听取

对待批评，首先就是虚心听取，这是工作态度的问题。一般来说，当领导的批评符合事实或在私下批评时，下属比较容易接受；而当领导的批评和事实有出入，或当众批评时，下属则容易有情绪，特别是后者。

被批评后必须保持头脑冷静，本着“有则改之，无则加勉”的态度，虚心听取批评。不能自以为有理而和领导争辩。要知道，顾全大局，维护领导的权威是下属的责任。绝大多数情况下，领导总有其批评的道理，或许是希望被批评者能够获得更大的进步，或者借机“小题大做”，目的是向大家警示。至于领导批评中和事实不相符或有误会的地方，事后有的是机会可以私下沟通或者在工作中表明。

### 换位思考

有些下属不懂领导的良苦用心，不知道“严师出高徒”“严格是爱、放纵是害”的道理，总把批评看作“成心和自己过不去”，或埋怨“干得越多，挨批越多”。其实，一般情况下批评下属的，往往是事业心强、要求严格、雷厉风行的领导。他们追求工作高标准，批评往往也是对事不对人。特别是认为可以重点培养的人，常常采取任务上压担子，工作中严要求，“响鼓重槌敲”的办法。所以，有些批评往往是领导对下属“恨铁不成钢”的表露。如果领导懒得批评你了，恐怕你已经被边缘化了。

由于领导工作任务更重，不可能做到事事深入调查，件件精准无误，所以出现批评上的偏差也是情有可原的。

**举一反三**

“知耻而后勇。”领导的批评是激励下属发奋进取的动力。我们除了要认识被领导批评的原因——问题的危害，深挖问题原因，更重要的是能举一反三，查找自己的不足，避免同类问题再出错。任何领导都最反感那种“当面受触动、表态很激动、回去不行动”的人。

其实，正确对待批评，最根本是要端正自己的态度，培养处世技巧和工作能力。“良药苦口利于病，忠言逆耳利于行”的道理谁都懂，但真正实践起来并不容易。

## 工作汇报不是小事

职场上何谓靠谱？网上有一个点赞量最高的解释是：凡事有交代，件件有着落，事事有回音。作为单位新人，其中主要就是汇报的问题，应努力做到、做好。

及时汇报是新员工在工作中的重要守则，能不能、会不会汇报也是很多单位的员工在工作沟通中最容易出现问题的环节之一。

**工作汇报的方式**

书面汇报。这是较正式的汇报形式，可以通过图表、报告、文档、记录、视频等直观的形式展现要汇报的内容。但也不宜过于复杂、花哨、形式化，内容上突出逻辑和重点；能精简到一页的汇报就不要写成三五页，领导并不一定有时间和精力去细看那些长篇大论。

口头汇报。多用于不需要书面汇报的场合或紧急汇报，主要通过口头表述来向领导呈现所要汇报的内容，讲求快速高效。口头汇报因没有详细书面内容可供参考，所以更要在汇报前做足准备，注意表述清晰、逻辑严谨、重点突出。另外还要提前考虑领导会关注到的相关点的提问。

**工作汇报的要求**

工作汇报要及时。无论是工作结果的汇报还是过程的汇报，一定要及时进行。不能等领导想起来找你要结果、问过程进展，才去做汇报的准备。除领导临时要求的汇报以外，日常领导所关注的核心业务进展、重点项目阶段性成果进展、重点工作的安排和进展等事项，也要及时向领导汇报沟通。

注意多用数据说话。长篇大论的文字描述不如一张清晰精简的图表，特别是汇报相关结果性的工作内容，数据图表无论从完成结果还是趋势都能非常直观地呈现出来。而且要注意用量化的、准确的数据来呈现，不能用模棱两可或“听说”的信息。

需要用简洁明了、通俗易懂的语言，尽量少用术语名词，以方便领导更容易了解你的工作成果。

汇报必须注意逻辑，逻辑清楚的汇报最能展现一个人的清晰思路和强大的分析及解决问题的能力。当然，也有利于领导的理解并给出决策意见。如果逻辑顺序不清，再准确的数据、再华丽的文字描述都只会打乱领导思路，影响汇报效果。

务必注意精练。领导都忙，没时间听长篇大论的汇报，一定要注意内容的精练。所以汇报应只体现该体现的内容，不多说、不废话、不越界。

汇报先讲结果。向领导汇报工作时，不管结果好坏都应先呈现结果，因为这是领导最关注的；而不是不说结果，让领导自己看过程文件或原始数据材料，这是不称职的表现。如果有必要再讲过程。如结果完成得好，不可居功自傲、沾沾自喜，应及时总结经验，以期更上一层楼，这才是领导想要看到的结果。在结果导向的前提下，即使过程再艰辛再困难，也千万不要因为没达成目标，就大倒苦水推卸责任，而是应把该担的责任担起来，找到没达成目标的原因，再讲以后怎么做。

需要请领导提供决策意见的，不应只抛出问题，把球简单地踢给领导，让领导想办法。而是应充分准备，提供多个解决方案或思路，分析利弊，同时说明想法建议，领导只需要综合权衡做最终决策就行了。这样既能体现自己在请示时做了准备，也利于领导高效地决策（如图 4–6 所示）。

图 4-6 汇报时应有自己的想法

汇报应客观。汇报所呈现的内容可能影响领导的重要决策、本单位相关重要工作的开展。无论书面还是口头汇报，都应以客观事实为基础，不能弄虚作假、欺上瞒下。而且应杜绝从个人主观层面去判定和评价一件事或一个人，带了主观色彩的表述很容易造成不良影响和误导，汇报时要讲述的一定是有事实、有依据的内容。

做到沟通反馈。汇报或请示时，如领导安排布置任务，一定要认真记录关键信息，并在汇报结束前当面向领导确认，以避免理解上有偏差。如没理解领导意图和目的，一定要及时反馈给领导，不能因一知半解，不懂装懂而误事。

**工作汇报注意事项**

提前准备充分，汇报材料中避免出现错别字、错误数据这些低级问题。

在邮件汇报这种特殊的书面汇报形式中，很多新员工会忽略先汇报结果。比如说某项工作在处理过程中发现有问题，不宜再继续，就此事向领导进行邮件汇报时，邮件内容仅是“领导，请看附件”，然后把详细原因或数据材料的文件作为附件，让领导自己分析。如果站在第三方角度看这样的处理方式，肯定觉得欠妥。而如果换个方式，先说结果，再提出具体建议，并以过程（文件）相辅，如“领导：经过分析研究，关于 ×× 工作，因 ×× 处理方式的失败风险高，建议换成其他处理方式。具体分析研究详见两个附件。1. 风险一（附件 A），2. 风险二（附件 B）。具体请看附件”，这更符合汇报的本意，这样的专业行为当然也更会被认可。

当面汇报要提前预约时间，除非重大紧急事件需要马上汇报以外，否则一定要提前预约好向领导汇报的时间和地点。

汇报时应注意时间管理，确保在规定时间内完成，不要浪费或过分延长时间。

汇报应做到尊重而不吹捧，请示而不依赖，主动而不越权。还应杜绝争功抢功、攻击他人的问题。

职权范围内可以处理的简单问题、日常工作程序既定事项，处理了就好，没必要再向领导汇报过程。事无巨细地汇报，有不分轻重甚至邀功之嫌，也耽误领导的时间。

在会议室向多人汇报时，应注意与大家有适当的眼神交流，以显示自信、放松的状态，避免一直盯着 PPT 念。

## 小提示大道理

“人”字，一撇一捺方为人，单纯一撇是立不起来的。我们需要跟周围的人，尤其本单位的各级同事尽可能友好相处、相互支持。

第五课

# 新员工职场沟通礼仪

THE
FIFTH LESSON

## 他山之石

小江怎么也没想到，兢兢业业的自己居然会被单位开除。怎么回事儿呢？

“00后”的小江工作挺努力，就是有点小个性：不管对谁有意见都会直接说，经常把同事气得直瞪眼。对来自领导的委婉建议，小江一句“我性子直嘛，对事不对人”，领导也不好多说什么。

另外，心情、工作状态，都会随时“直播”到微信朋友圈、小红书和抖音平台。虽然工作时间处理这些会耽误工作，好在工作任务都能按时完成，单位和领导也就不太在意这些了。于是同事、领导或单位客户，经常在微信朋友圈或小红书、抖音里看到各种实况“直播”。同事们不止一次建议小江，最好不要发工作内容、工作场景，小江置若罔闻。终于，最后两次竟将单位招标的一些情况无意中“直播”出来，导致客户据此分析出相应的招标情况，从而给单位带来不小损失。很快，小江就收到了单位的辞退通知书。

作为职场人，不管是哪种言论形式，都必须做到不失礼、不影响他人、不影响工作。小江的例子给我们提了个醒：个性虽是好，言论须有度。

一句话让人笑，一句话让人跳，不注意沟通礼仪、交谈技巧，带来的可能是误解乃至冲突。工作交往中我们要尽可能地“广结善缘”，避免言论上“让人跳”。

2006年11月，著名作家柏杨因患肺炎住进了医院，许多人去探望他。柏杨的一位干女儿看望柏杨的时候竟说：“干爹，来世我们还要做父女。”这句话气得柏杨脸色铁青，当场落泪。而另一位探望者更是哭丧着脸说：“我真舍不得您啊，柏杨！”这令柏杨更加伤心。事后，柏杨无奈地对妻子张香华说：“哎哟，好可怕，跟他们说谢谢了，都不用再来了。”

## 新员工交谈沟通宜与忌

人际往来处处需要交谈。面对相应场景，谈什么、怎么谈，事关沟通效果及交往质量，谁都不希望花费了精力却让人反感。

作为新员工，不管对内的同事相处，还是对外的客户交往，交谈中都要注意基本的谈话礼仪，这是处事之道，也是交往艺术。

**提升口头表达能力**

交谈沟通通过口头语言来实现。

这是因公的沟通，不是没完没了的家长里短。所以为使沟通更顺畅，就要善于用简洁的语言，把复杂的事情讲清楚，把构成事情的各个要素以通俗易懂、条理清楚、重点突出、简单明了的方式表达出来。

对于复杂的事情，可以先列好大纲：先讲什么，再讲什么，怎么转折，怎么收尾。如还是担心在沟通时效果不好，那就试试这个训练办法：把这些内容自我表达一次，录在手机里反复听，把不理想的地方调整后再录。这样或许麻烦一点，但效果会很明显。几次之后，就能做到逻辑清晰、准确简洁。即使是复杂的事情，沟通也不在话下，那么日常事务沟通就不存在问题了。

**交谈沟通始于寒暄**

寒暄的内容，我们已经专门介绍过了。与交往的人只要不是天天在一起，交谈之前都应该有适当的寒暄预热。合适的寒暄，可以使交谈更有人情味儿，也更和谐顺畅。

另外，待客当中，有些用语已经约定俗成，包括常用的谦辞敬语。正确使用则得体大方，用错则贻笑大方，我们应注意。

小杨刚参加工作不久，有一回陪主管接待外单位领导。忘了当时聊什么主题，他只记得自己表达了“高见”，其中一句是“这是我的见解，怕说错了，含笑九泉”。当时他见大家想笑又努力忍住的表情，还不知是为什么，后来才知道出了怎样的糗。从此以后，他就特别注意说话用词，不希望再闹第二回笑话。

常见的谦辞敬语有：

初次见面用久仰，很久不见说久违。

认人不清用眼拙，向人表歉用失敬。

请人批评说指教，求人原谅用包涵。

求人解答用请问，请人指点用赐教。

请人帮忙说劳驾，请给方便说借光。

麻烦他人说打扰，不知适宜用冒昧。

赞人见解用高见，自身意见用拙见。

看望他人用拜访，宾客来到用光临。

陪伴朋友用奉陪，中途先走用失陪。

等待客人用恭候，迎接表歉用失迎。

他人离开用再见，请人不送用留步。

问人年龄用贵庚，老人年龄用高寿。

读人文章用拜读，请人改文用斧正。

对方字画为墨宝，招待不周说怠慢。

请人收礼用笑纳，辞谢馈赠用心领。

问人姓氏用贵姓，回答询问用免贵。

表演技能用献丑，他人赞扬说过奖。

向人祝贺道恭喜，答人道贺用同喜。

**不适合的内容**

双方一般都是因公而谈，所以有关个人收入、婚恋、宗教信仰，以及女士年龄等情况，如果不是对方主动提出来或是工作需要必须了解的内容，都不宜主动谈论。

谈话内容一般不要涉及疾病、死亡、荒诞离奇、耸人听闻或桃色八卦，以及社会敏感事件等。

有关第三方不宜作为双方的话题选择，特别是针对第三方的批评类话题，很容易让对方误认为有“影射”之意、搬弄是非之嫌。和对方现状相关的负面信息或让人不快的话题，也不适合交谈。如在医院看望病人时，谈论对方或其他人不好的医疗消息及有关生死的话题；对方业务失败时，谈论失败带来的消极后果或这个行业、这个单位的负面消息；人家正计划去旅游时，与之谈论近来旅游当中发生的意外伤亡事故等（如图 5-1 所示）。

另外，有关错误倾向话题，如违背社会伦理、生活堕落、政治错误、谣言等，也不适合交谈。

有关本单位的人事安排、领导个人情况及有关对外保密的事项，如技术机密、运作机密、项目机密等，即使双方交谈氛围再融洽或者对方主动再三询问，也不可以触及。

图 5-1　避免交谈让人不快的话题

## 交谈沟通禁忌

某银行的营业网点里。银行柜员问一位要办存款业务的大爷："活的死的？"其本意是问：是办活期存款还是办死期存款。但柜员这种简化而带有歧义的问法，让那位大爷很不高兴，生气地对柜员说："水煮的！"

不要带着气和他人说话，管理好情绪，不管是同事、领导还是客人。同时，和他人说话要注意自己的语气、语调和音量，表达出礼貌、谦和，而不是不耐烦、质问。一般情况下，职场中的乱发脾气，会被认为是一种自私而不顾及他人感受的表现。

不要太过客套。工作交往中，态度诚恳，礼貌但不应过分客套，否则给人的感觉就是虚伪。

不能只站在自己的角度、按自己的想法表达，而是应站在听众的角度，还应考虑他人的心理感受，慎用专业术语，尽量说对方能听得懂的话，正所谓见人说人话，见鬼打八卦。

交谈要注意场合。在他人正忙时，长话短说，废话不说。一起用餐时，初入职场，不懂的地方太多了，能少说就少说，且不说倒胃口的话题。而在卫生间，他人正"解决问题"时，不做过多闲聊。不要显示自己有恩于人，处处讲曾经的那一点点恩惠。这在他人看来是狂妄自满、喜欢出风头的表现，同时也容易伤害你帮助过的人的自尊心。

不要独白。既然交谈是双向沟通，在交谈中就要目中有人，懂得礼让对方，多给对方发言机会。普通场合的小规模交谈，以半小时内结束为宜。如果人多，在交谈中每个人的发言最好不要超过5分钟。

不要插嘴、抬杠。出于尊重的需要，工作交往中他人讲话，不要中途打断或与之争辩，那样会显得缺乏教养，也是有悖交谈主旨的。即使有话要说，也要等到对方说完一件事或中途停顿的时候再说。不得已必须打断时，也应先礼貌地说“不好意思，我打断您一下”以表歉意。

不要说“你错了”。谈论某个话题，即使是对方的观点错了，也不要直接说“你错了”之类的话。否则非但改变不了对方的态度，反而会招致反感与敌对情绪。

注意手势不要过大、手舞足蹈，动作要适当。不宜和对方离得过近或过远，更不要拉拉扯扯、拍拍打打，尤其注意不要唾沫星四溅。如需附耳沟通应用手遮挡，以免口气有异味。

交谈中不可以显示出不耐烦或东张西望。认真倾听是礼貌，也是沟通技巧。交谈中注意身体略微前倾，目光柔和地注视对方，适时点头或微笑。

不要左顾右盼或看手表、伸懒腰、打哈欠，这些心不在焉、漫不经心的动作都是想结束交谈的代名词。

当对方主动提到一些不便谈论的话题时，我们不宜轻率或义气表态，而应借机转移话题。

不要出现冷场。一旦出现冷场，就要主动找话题，特别是主方。冷场时间过长会造成尴尬的局面，在来宾看来，这无异于给人脸色看，让人坐立不安。

## 办公室交谈沟通分寸

繁可进公司后，很快就成了同事们头号“烦客”。他只要对哪位领导有意见，很快就会有不少这位领导的小道消息、花边新闻和大家“分享”；看不惯哪个同事，就会跟办公室其他同事逐个“我只跟你讲”。一旦哪个月的销售业绩不错，马上会对该月业绩差的同事逐一表达“关心”，“热情”地指出人家的不足……很快他就变成了人见人烦、花见花谢的“烦客”。

繁可之所以成为“烦客”，是因为他不懂得办公室交往规则，犯了职场禁忌，不受欢迎是自然的事情。在办公室这个特殊的空间里，说话做事应有分寸。

**不要随便谈私事**

无论得失，都不要把私事带到工作中。有的人喜欢向同事倾吐苦水，虽然这样的交谈富有人情味，能使你们之间变得更友善，但研究调查指出，只有不到1%的人能够严守秘密。所以当你出现个人方面某些危机时，最好不要到处诉苦，不要随便把同事的“友善”

和“友谊”混为一谈，以免成为办公室的焦点或领导眼中的“问题员工”，甚至成为他人茶余饭后的谈资。

不要在办公室里谈论自己的心事，甚至职业生涯规划、离职想法。实在想谈，可以约三两知己，在办公室之外的空间谈。

**办公室不乱说话**

作为新员工，对单位的情况还不清楚，最好的方式是多学多看多做少说，并且主动屏蔽单位的流言或闲言碎语，即使有人告诉你或有的内容和你有关。最好的处理方式就是一笑了之，不应随风起舞，甚至随风乱舞。

同事或者领导的负面问题，绝对不能在办公室里说，“来说是非者，必是是非人”。这是造成人际关系紧张的一个重要原因（如图5–2所示）。

爆领导或同事的“猛料”，让人感觉很八卦，太无聊。如果是流言蜚语，容易伤害同事间的情谊，甚至反目成仇。他人的是非自有公论，在办公室里谈论，会让人觉得你是在幸灾乐祸，唯恐天下不乱。

对领导个人的看法、人事态度，不应该是办公室的聊天内容。而传播单位还没公布的消息或者社会上的敏感事件，当然也不适合。

同事遇到不幸的事，不应再往伤口上撒盐。我曾听到有人在办公室里用很大的嗓门问同事，过得好好的为什么离婚？在办公室里问这个，只能触痛对方。

图 5-2 办公室里不要乱说话

职场上总有“嘴比脑子快”的人，这种人总会在不经意间让他人尴尬，但又理直气壮地沉浸在“我性子直”“做人坦荡荡、对事不对人”的自我小宇宙里，时常以不必要的方式得罪、伤害了别人却从不自知。我们作为职场新人，不要做这样的人。

性子直并不一定就是优点，尤其在职场上。知名主持人孟非在一档节目中的一段话值得我们思考：“我觉得我们每一个人，在这个世界上，除了你的父母可以没有条件地容忍你，在所有的人际交往当中，我们都要学会克制自己，拿自己更好的一面去和别人交往。这个和虚伪没有关系，我们在和别人的关系当中，要尽可能地考虑别人的感受。”

个人的宗教信仰、政治倾向是极易引起争论的问题，也都不宜在办公室里谈论。

**不在办公室争论**

最好不要在办公室里和同事争论，毕竟不是任何人都能做到辩论之后还会心平气和。

虽说争论在所难免，争论是职场民主氛围的体现，甚至有时适当的争论才会有创新。但作为新员工，初来乍到，在这方面还是适当“潜伏”一点比较好，更重要的是多多学习，多多了解，而不是在一知半解的阶段就开始指手画脚地和同事争论，那样别人会认为你是“半吊子”。

有些人喜欢争论，凡事一定要弄清楚到底是黑还是白，而且拿捏不好尺度，直到认为胜过他人才肯罢休。假如你实在爱好并擅长辩论，建议把这项才能留在办公室外发挥。否则，即使口头上胜过对方，但其实已经损害了他人的尊严，对方有可能从此记恨在心，这就像在身边埋了一颗地雷，不知道什么时候会触爆。

**不要乱开玩笑**

在职场，什么样的同事都可能会遇到。所以即使偶尔开个玩笑调节气氛，也一定要注意尺度，而且不能对任何人都开千篇一律的玩笑，何况有人不宜开玩笑。

不要拿他人的隐私、缺点、弱点、尴尬事件作笑料，这一点务必要谨记。

和年长同事、领导开玩笑，一定要在维护对方尊严的基础上，并且不可以建立在挖苦的方式上，即使你们关系再好。性格开朗、大度的人，多开点玩笑，能使气氛更加活跃。而拘谨、内向的人，则应少开甚至不开玩笑，否则很容易被误认为是在挖苦或讥笑。

异性，特别是对于女性，开玩笑一定要适当，避免让人感觉别有用心。

**对事不对人**

说话注意就事论事，避免附加任何负面感情因素的评价。当同事把工作处理得很好，即使是常规工作，也不宜说“这就是平常的工作呀，很容易”或“这是我们的日常工作，谁还做不好呀”，后面添加的“很容易”“谁还做不好呀”就使这个事变成了“对人”，言外之意做得好没什么，不一定是有能力。同事没做好的事情，说“这件事需要考虑的因素很多，还真不好做”就可以了，不要再在后面加上类似“需要能力强才行”“必须考虑周到才行”这样的话。

同事请你做一项工作，但你正忙其他事，可以说“我看看，如果时间允许，我把这件事插到工作进度中”，这是客观的说法。但有人偏要加一句“哎呀你这人，你怎么到现在才说”。很多工作都是突发的或临时要办的，谁都不好预计，他也不想这样。“哎呀你这人，你怎么到现在才说”就成了责怪他的话。

可见，虽然有些得罪人的话当时的确不是有意而说，但是“说者无心，听者有意”，在听者看来就是“对人不对事”，这样慢慢也势必会影响同事关系。所以，我们说话时务必注意做到“对事不对人”。

## 工作演讲前的准备

中新网2015年3月13日据“中央社”报道说，美国最大西语电视台“环球电视台”（Univision）表示，主持人费盖罗亚因在电视节目中说第一夫人米歇尔长得像猩猩而遭开除。环球电视台在声明中表示：“昨天费盖罗亚在娱乐节目 *EI Gordo y La Flaca* 对第一夫人做的置评应受到斥责。所以费盖罗亚职务被立刻解除。”

想必主持人本意是开个玩笑、活跃气氛，但忘了演讲不可以随心所欲，即使是在以“言论自由”著称的美国。

我们在职场中时时处处都会用到演讲。演讲能很好地体现出一个人的风度、学习能力、知识面和应变能力。演讲是比较正式的交流，面对听众能言之有物、言之有序、言之有情，从而达到演讲目的。基础不牢，地动山摇，成功的演讲必须重视演讲前的基础准备工作。

**讲给谁听**

这就是要分析听众的情况、听众的需求。了解听众职业及职务、年龄层次、受教育程度、个性特征、兴趣爱好等。

是讲给自己的同事，领导，其他部门，合作伙伴，客户，还是竞争对手？听众中你需要影响的关键人物是谁？

听众，特别是当中的关键人物，他的期望是什么？对你所讲内容的了解程度如何？

听众对你、对你所代表的集体，以及你所讲内容的态度怎样？信息了解越多，演讲就越容易做到有的放矢，因为这样才可以在演讲中安排最恰当的内容、情感、方式及例子去感染、打动听众。了解听众，更利于自己在演讲中情感的投入。古希腊哲学家亚里士多德说过：“一个充满了感情的演说者，常常使听众和他一起感动，哪怕他所说的什么内容都没有。”可见，演讲中投入真情感，对于演讲的成功影响重大，同时也有利于保持情绪上的放松，有效克服怯场心理。

**在哪儿讲**

环境对演讲者的影响非常明显。对不熟悉的环境，最好能提前到场。在本单位演讲，熟悉环境的时候要检查：场地空间大小怎样？座位排列是否易于交流；光线是否适宜；环境是否有干扰；辅助设备、材料是否齐备？是否习惯演讲席的位置？道具摆放位置是否方便使用？根据现场情况，调整演讲内容或互动环节，同时也做好心理准备。

去外单位演讲，只能在最短的时间内主动适应环境。但可以做局部调整，如道具和水杯放在自己最顺手的位置，且离电脑设备远一点；把话筒调到自己最合适的高度，等等。

**用什么讲**

为达到最佳演讲效果，演讲有时还要辅助的设施材料。包括：可以翻页的挂图、白板纸，白板笔和白板、遥控笔、电脑及投影仪，发给听众的书面材料，事先调试好的音响设备，演示设施，参与类活动所需物品道具等。

小型演讲，演讲者一般使用白板纸和白板作为其主要视听辅助工具，往往不需要使用 PPT 投影。不管当场在白板纸或者白板上书写，还是事先制作 PPT，都要注意让展示的内容尽可能简洁，配图及文字大小适当。

制作 PPT，务必注意版面美观。同一页的内容，字号不要变化太多，字体一般不超过三种，而且一句话最好在两行内表述完毕，以方便阅读。标题一般以 32/34 号字为宜，而正文内容则以 28/30 号字为宜。在每一页字的颜色处理上，不超过三种，并且多用图片、表格、数字来表达，尽量避免满页文字式的表达。PPT 中同一级别内容的文字大小、字体尽可能一致，如每一页的一级标题和一级标题之间、二级标题与二级标题之间。课件版面是否美观，字、图大小，动画播放顺序是否合适，可以在投影仪上试播，看实际效果后再决定是否调整。

## 普通演讲注意内容

普通演讲，是指非礼仪性演讲之外的演讲。

**基本要求**

卡耐基说："脑子里所能吸收的，超不过屁股所能忍受的。"所以演讲的时间长度，力求能短则短。没有特别要求的，一般的工作演讲控制在半小时内；时间再长的话，就要考虑穿插一些与听众的互动环节来调节气氛；即席演讲，一般三五分钟就应结束；而"限时演讲"，即演讲的时间有所规定，超时是大忌。

注意逻辑严密以及语言节奏和内容表达的口语化。为增强表达上的气势，应把长句改成短句，把倒装句改成正装句，把单音词换成双音词，少一些书面语，慎用文言词句，交替穿插一些历史典故、名人名言之类的哲理性、趣味性材料。演讲内容中可以设置悬念，让听众于山穷水尽时豁然开朗。表达上可以层层蓄势、层层铺垫，然后水到渠成，集中议论抒情，将感情和气势推向高潮。使用幽默语言时，不要使用让人误解或低俗的。

如果引用了典故、名人名言或历史事件，则所用内容务必要保证其准确性和恰当性，否则会给整场演讲带来负面作用。

据《人民日报》(海外版)报道，2006年5月20日，陈水扁在赞扬台湾志工（志愿者）精神时说："有很多我们的志工团体，不管是当局代表或者是民间企业帮忙等，这些都是罄竹难书，非常感人的成功故事。"一句"罄竹难书"语惊四座，堂堂台湾地区领导人，竟然不知道这个成语的褒贬，让人目瞪口呆，成为笑柄。

名人乱用典故的故事还有很多，如前几年的"七月流火"事件。作为新员工，演讲的时候引经据典务必慎重，要避免出现差错。

引用不仅包括典故、成语，还包括名人名句、外语短语等，都应确保无误，最好事先查询求证，以免出错闹笑话。前几年某知名企业家去印度参加该公司的新品发布会，一上台就以"Hello everyone! Are you ok?"打招呼，把台下正在沸腾的观众整蒙了，好久都没反应过来。该知名企业家当时说的"Are you ok？"这个音频到现在还是网络流行梗。

**内容要求**

演讲通常包括开场白、正文、结尾三部分。

开场白是演讲中很重要的部分。好的开场白能够紧紧抓住听众的注意力，为整场演讲的成功打下基础。常用的开场白有点明主题、交代背景、提出问题等。不管哪种开场白，都是为了让听众立即了解演讲主题、引起思考等。

正文也就是演讲的主体。主体必须有重点、有层次、有中心语句。演讲主体的层次安排可以按时间或空间顺序排列，也可以平行并列、正反对比、逐层深入。为便于听众理解，应注意各段落的上下连贯、过渡和照应。

结尾起着深化主题的作用。结尾的方法，适合我们用的有归纳法、引文法、反问法等。归纳法是概括这次演讲的中心思想，总结强调主要观点；引文法则是引用名言警句，升华主题、留下思考；反问法是以问句引发听众思考和对演讲者观点的认同。另外，演讲的结尾也可以用感谢、展望、鼓舞等语句自然、简单地结束，给人留下深刻印象。

每次演讲最好有一个主题，这是由演讲的特定情景性和时间性所决定的。在有限的时间段内，完全借助于语言、手势等向听众讲明这个主题，就要求在演讲内容的准备上一定要突出主题、观点鲜明。

主题选定后，还要选择相应的内容加以论证。内容的选择要通俗，选择大多数人知道的、听得懂的。所以事先对听众情况进行了解就显得很重要。

## 礼仪性演讲要求多

礼仪性演讲有一个共同点，就是内容要简短，一般不超过 5 分钟。这里介绍几种新员工可能用得上的礼仪性演讲。

**答谢演讲**

在正式集会上，发表一篇热情洋溢的答谢词，既显得郑重其事又能让人感动。需要即时答谢的场合很多，例如，过生日、结婚、获得奖励、被授予荣誉称号、本单位举行庆典、事业上取得了重大成就的时刻，都应当向来宾或在场者致辞答谢。答谢词要包括“此时此刻”的感触，对他人的感谢以及今后自己继续努力的方向这三大内容，也就是：感触＋感谢＋努力方向、过去＋现在＋未来、感谢＋回顾＋努力方向这三种模式。少讲套话、力戒废话。一开始就讲“我好激动”“我讲不出话来”“我想起了许多陈年往事”，倒不如回顾一下在自己取得成绩的过程中，其他人包括领导是如何支持、帮助自己的，这样更容易让人接受、更有职场温度。答谢词里，自我评价要中肯，不能自吹自擂；也不必妄自菲薄。叙事清楚，对他人的感谢一一讲明。最后，最好能找出自身的一些不足及今后努力的方向，以示谦虚，借以请大家继续关照自己。

**简介演讲**

简介演讲，就是主动或应邀向大家介绍自己、介绍他人、介绍自己所在单位、介绍自己所负责的某项工作等。和普通介绍不同的是，简介演讲的业务性强于交际性。

当应聘新职、联系工作、结识新同事、参加聚会时，有必要恰如其分地通过这种演讲去“营销”自己。简介演讲，既要谦虚、诚实，又要注意扬长避短，争取给人以好感。在内容上，简介自己应包括个人姓氏、单位、职务、专长、业绩等。另外，还可以借机加上籍贯、兴趣、家人等相对轻松的内容。

新同事入职、贵宾光临时，常常要为他们作简介。介绍他人时，应包括其姓名、职衔、学位、单位等个人资料，其特殊专长、突出成绩及其为人处世的长处等。很多情况下，如招聘、推销、联系业务、接待来访者时，还需要为自己的单位或部门作一下简洁性介绍。介绍单位时应重点介绍本单位和其他单位的不同之处及知名度等。需要列举数字说明时，宜少不宜多，绝不能杜撰。简介自己所负责的工作时，应突出特征，不必自惭形秽。在不泄密的前提下，细讲、精讲、耐心讲，少讲或不讲术语名词。最后，欢迎他人多多指正。

**解说演讲**

在新产品和新技术的陈列会、展示会、发布会，以及日常经营、推销、促销中，经常需要解说词。准备解说词，一定要有针对性，而且要尽可能地设想，听众关心什么，会提哪些问题，对此应怎样回答，应有备无患。准备解说词一定要重点突出被解说对象的特征、长处、优势、与其他不一样的地方，能给客户带来的效益、利好，以让人留下深刻印象。另外，不同场景之间的转换，以及听众的参与互动环节，都应有一定的串场词，使各种场景之间的过渡、衔接自然。

## 成功演讲注意技巧

一场成功的演讲，除前期要做好充分准备，还要注意演讲现场的表现。

**调整情绪**

情绪对演讲的成败往往具有决定性作用，演讲者务必调整好自己情绪。

饱满的情绪能有效地吸引听众、感染听众、打动听众。所以在登台前，一定要调整好自己的状态，给听众留下美好的第一印象，让听众对你的演讲充满信心。多做深呼吸是调整情绪比较好的方式：站立、目视远方、全身放松、做深呼吸。还有听轻松愉快的乐曲，看令人捧腹的幽默故事都能达到调整情绪的效果。

对缺乏经验的演讲者来说，演讲中难免会紧张。害怕失败比失败本身更可怕，所以一旦出现紧张情绪而又不能有效放松时，将会影响整个演讲效果。怎样调整情绪呢?

为降低演讲前大脑的紧张程度，可以有意识地把注意力转移在某一具体物件上。例如，可以留意会场的环境布置，也可以适当看看演讲稿或一只手放在桌边，或者手握麦克风等。

演讲时心情紧张在所难免，而且有时听众的某些偶然因素也会人为地造成紧张情绪。如某位听众发出一些声响，或某位听众表情不够友好，都容易引起演讲者情绪的波动。这时应该转移目光，或者采取流动式的虚视方法，有意识地回避不友好的目光对视，以保持良好的心境。

还可以用语言暗示来消除紧张，如演讲前可以这样暗示自己“今天听众很熟悉，没必要紧张”“我准备得很充分”“豁出去了，没什么大不了的”。还可以想象自己演讲成功后，受大家赞赏或成功的场景，来获得努力演讲、发挥最佳水平的激励。

**脸部表情**

演讲，脸部表情不管好坏都会带给听众深刻印象。紧张、疲劳、喜悦、焦虑等情绪都会清楚地表露在脸上，继而影响听众。演讲内容再精彩，如果缺乏表情，演讲也是缺乏说服力和感染力的。

演讲开口前，首先和听众做目光交流，环视全场，让情绪稳定下来。演讲过程中注意常和全场听众做目光接触，特别是坐在后面和前排两侧的听众，还有重点听众，如身份高者、来宾等，对重点听众要多花点时间做目光重点交流。运用目光接触可以获得并掌握听众的注意力，建立相互的信任。其次可以透过目光接触来回应听众，阅读听众的表情。目光接触的速度要适中，慢慢地环视，而非扫视。最后，重点交流并不是紧抓不放，以免让人感觉如坐针毡。

并非每位听众都会对演讲者报以善意的表情（实际上有些人可能就是习惯那样的表情，并非有意对谁不友善）。尽管如此，还是不宜因此就漠视其他观众，这时可以一边演讲，一边从听众当中找寻善意的表情。并且无视那些你认为的不友善的表情。此外，把自己的视线投向强烈点头以示同意的人，对巩固信心进行演讲也具有良好效果。

演讲中除了看讲稿时低头，不要总低头，否则给人不自信或准备不充分的感觉。这就要求对演讲的内容熟悉，确保抬头和大家做眼神交流之后，还能找到自己讲到什么地方，绝不能是全程“指读”。

根据演讲的主题，该严肃就严肃，该微笑就微笑，再配合用眼睛经常有意地环视会场上的每个人，既显示自信，又说明重视会场上的全体听众。应人、应事、应景的演讲才是高级而走心的演讲。

**肢体动作**

上场演讲时，要步速正常，步态自然，刚劲有力，抬头挺胸，双眼平视前方，体现出一种成竹在胸、自信自强的风度和气质。低着头，或边走边跑都是不得体的上场仪态。

手势在演讲仪态中最受关注。适当运用手势能增加听众的视觉效果，并增强演讲气场。

在发言席后面演讲时，双手可以自然地放在发言席两侧。没有发言席时，双手自然垂放在身体两侧或用手来操作多媒体、握住白板笔、遥控笔或是做手势等。演讲中不可以双手插兜或手臂交叉。手拿遥控笔时，避免天马行空般乱画，更要避免把激光点在听众身上。

演讲中邀请他人发言时，手指并拢、手心朝上（手掌与地面约呈 45 度）做抬起状来邀请，而不能用食指点人或食指弯曲状“勾”人。

用遥控笔或食指指点表示强调，站着双手抱在胸前，摆弄双手，手或拳头在空中不停挥舞，坐着交叉握双手，手指撑出一个高塔形状的动作都是消极表现，演讲中都不宜出现。

站的位置有讲究。应站在听众都可看到的位置，又能便于参考自己的演讲资料，有多媒体道具时还要能方便自己控制多媒体。站时挺胸收腹，男士双脚可以适当分开，不超过肩宽；女士站立时则随时都应双腿并拢或微分开双脚，或丁字步站立，但两脚不宜分开过大。左右不停地换脚、倚靠在发言席上，频繁地踱步、抖腿，上下立脚尖、晃身体，手插口袋，都属于演讲中应该避免的（如图 5–3 所示）。

图 5-3　演讲注意避免不良仪态

演讲完毕向全体与会者鞠躬表示感谢，再从容地下场。

**语言表达**

演讲的时候应掌握好语速、音量，口齿清晰。

语速是演讲的重要要素。为营造良好的演讲氛围，必须讲究节奏的张弛变化，控制语速。还可以根据情绪渲染及内容的需要，在适当的地方放慢或者加快演讲速度，再配合变化的语气语调，形成“抑扬顿挫”的良好听觉感受。如果从头到尾都以相同的速度或同一个音调来演讲，听众很容易有疲倦感。

演讲语言要流畅。这就要求事先要多熟悉几遍演讲内容，需要借助其他用具的，如PPT，则要事先演示熟悉；需要用音乐、视频时，提前做好链接或请工作人员协助播放。

**现场答问**

演讲有时候需要现场回答听众的提问。即使演讲很出色，但不能很好地处理听众的提问，也不能算是成功的演讲。回答提问时应注意什么呢？

认真倾听是对提问者的起码尊重。仪态上表现为面向提问者，眼睛注视并面带微笑，以点头示意说“好的”“是”“嗯”等方式，来表达自己在仔细听对方的提问，以示尊重。而在被提问的过程中，低头干其他事，看向其他地方，甚至与其他人交流，都是失礼的表现。

即使要回答的问题是刚才演讲过的内容，也不应对提问者表示出不满，可以再简练地重述一下，如果能换个角度讲述则更好。

属于无法回答或不能说的问题，如保密内容，可以直接告诉对方原因。如果只是当时无法回答，可以告诉提问者会在多久的时间内再回复，对这样的承诺则要说到做到。

一般情况下，听众的大多数的提问没有恶意，至少不是故意针对、为难个人。所以不管提问者的语气或意图如何，都应保持镇静。即使遇到不礼貌的提问甚至演讲被打断，演讲者也不能失态，更不能对其进行人身攻击或者侮辱，都应有礼有节地回答。

回答过听众提问后，还要感谢大家的提问，演讲才算结束。

## 新员工必知的网络礼仪

现在每个人都可以用新媒体发表言论表达心情，如微博、微信朋友圈、微视频、抖音、快手、小红书、Bilibili，等等。当以工作身份使用或发表言论时，必须考虑可能的后果，对自己的言论负责，不能随心所欲。

市场部的小侯前段时间因为微博事件，差点被公司开除。原来他是微博控，有空就自己撰写或转发微博，并经常转发给同事、领导甚至客户。前几天，小侯又看到一则令人惊悚的“爆炸性新闻”，未加鉴别就转发给了领导及客户杨总，杨总又转发给了其他人……结果事后辟谣说那是假新闻，杨总还因此被公安局叫去谈话。经过这场风波，小侯才意识到网络言论也要慎重！

现在各种网络媒体很多，网络上的“小侯”也很多，或为点击率或为猎奇心理，对一些内容不加甄别地转发。

首先要注意的是，使用的账号名称、认证内容如和本单位名称相关，应获得本单位的同意，尤其平时所发内容和自己工作相关。

共享照片、签名、个人位置定位的时候注意个人隐私的保护。

不管是发微博、微信朋友圈、Bilibili、小红书，还是拍抖音或快手，都不应占用工作时间，除非你是因公而发。即使是发朋友圈或微博不占什么工作时间，但相信绝不是一个月只有一两次的行为，所以公私分明显得更职业。

内容上，不管是自己原创还是转发的，总体上应是健康、有一定正能量的，而不是低级趣味、有暴力倾向或谣言甚至反社会。做到文明上网，网络也不是法外之地。

在涉密单位上班或可能接触到机密的，所发内容务必慎之又慎，最好在单位的时候不发；即使在本单位之外，也不发和工作相关的内容。保守机密不仅是职责，也是义务。

即使本单位不涉密，工作场景和工作内容也不涉密，且也没有禁止在工作场景拍照、发视频，但在发视频或拍照时，还应考虑到其他同事的感受，在未获得同意的情况下，不要拍到其他同事。

评论需要慎重。发表自己的观点当然可以，现在是多元、包容的社会，允许有不同意见，但前提应该是对社会无害的。所以评论的时候，人云亦云不是不可，只是不应有负面的言论。即使有不同意见，也不可以谩骂、人身攻击甚至人格侮辱。

对自己不清楚的事情，不乱评论，特别是不能用单位的职务身份乱评论，这事关本单位的社会形象。

如所发内容，同事、客户也能看到，那么就要注意所分享的内容，不可以随心所欲。

如果不是广告、投票之类的内容，慎用屏蔽分享信息的功能，尤其将同一个群体的人进行部分屏蔽的做法，难免会被知道，从而让人感觉你心思太复杂。

当确实需要转发到微信朋友圈的广告内容、帮忙投票、请人转发内容，可以设置成部分人看不到。绝不可以冒昧地私发给客户求投票、转发之类，即使你们见过面。

不要发对工作、对本单位或对同事不满的内容，以免让他人认为你在指桑骂槐，从而造成误会。

## 小提示大道理

言论小世界，人生大格局，对新员工来说职场上谨言慎行是关键。

第六课

# 新员工餐桌礼仪

THE

SIXTH LESSON

# 他山之石

孙总告诉我，他们办公室里一位“00后”，工作方面挺好，但就是一起吃饭的时候挺不注意餐桌礼仪的。比如喜欢用自己的筷子在满盘子里各种挑，基本每块肉都被她的筷子翻过N次；水果盘里每个水果，都被她揉捏一轮，选自己最想要的那个来吃。

上周，直管BOSS和他们一起吃饭。这位女孩当着直管BOSS的面，又上演在几个盘子里来回挑的戏码，后来那几个菜BOSS一口都没再吃，孙总看得很尴尬。

孙总说：“靳老师，咱们的培训，您强化一下餐桌礼仪的内容啊。”

这位“00后”的行为，相信很多人“见识”过。

餐桌上的举止，往往被认为是个人教养的体现，应该注意适当约束，做到有礼、有度。

而当新员工与同事、领导、客户在外用餐时，应尽可能地注意礼宾次序，优先他人、礼貌让座，多做协助工作，还要注意吃相等。

# 点菜必先考虑客人

所谓“餐桌见人品”。你在品味食物，别人在品味你。在餐桌上懂得进退、表现得体，更容易营造出和谐友好的交往氛围。

不管什么单位，都难免需要在外用餐。对外宴请中，需要注意基本的餐桌礼仪，以免失态。首先就是点菜的问题。

从饭店回来后，虽然领导没有批评王丹，但王丹的情绪还是很低落。

今天宴请客人时，作为办公室唯一的女士，客人和领导都让她点菜。她谁也没问，首先想到的是大众口味、自己也喜欢的川菜，所以几个主菜点的都是辣味十足的川菜。但接下来的场景却让领导和王丹都没有料到：在领导的积极让菜下，客人勉强尝了一口，却被辣得咳嗽不止，差点血压飙升。原来客人吃不了辣菜！好端端的一次宴请，就这样失去了气氛，主客双方都很尴尬。

如果是自助餐或快餐，就不存在点菜的问题。而平时的餐桌上，看似简单的点菜，却成了很多情况下客人不尽兴、领导不满意的由来。同时也让大家真实地看到点菜的人是否见过世面，是否能为他人着想。

**了解预算**

点菜前应先了解预算，特别是对外宴请的时候。一般单位都对这方面有规定，或者根据以往惯例，除非领导明确交代可以适当提高或“实惠点”。不管怎样，都不要在餐桌上冒昧地当着客人的面问预算，这是让宾主双方都尴尬的事情。知道预算后，应在预算范围内进行菜品的最佳搭配。

我曾见过一位猛士，边点菜边这样“请示”领导：“孙总，××菜 50 元，怎么样？ ×× 菜 65 元，可以吗？呀！这儿的 ×× 菜 199 元，太贵了……”那边他的孙总，脸一会儿白，一会儿红，边上的客人也只好尴尬地低头翻手机。

**了解忌口**

点菜必须考虑到领导、来宾特别是主宾的忌口，以免好心办坏事（如图 6–1 所示）。

注意宗教忌口。像穆斯林不食大肉，不食凶猛及无鳞之鱼，不喝酒及含酒精的饮料。国内的佛教徒禁食荤腥，不仅是不吃肉食，还包括葱、蒜、韭菜、芥末之类吃起来气味刺鼻的食物。道教信众不吃牛肉。贸然犯忌不仅失礼，还可能带来麻烦。

注意地区忌口。不同地区，往往有不同饮食偏好。如藏民通常不吃鲑，欧美人通常不吃宠物、稀有动物、动物内脏（法国鹅肝除外）、动物的头、动物的爪等。

图 6-1　应提前了解忌口

个人忌口。这只能通过询问知道。忌口信息可以提前向本人或相关人员做了解，或现场询问。

避免忌口菜，是请客吃饭时必须要做的重要细节，可以问“请问您有什么忌口”。询问忌口，除了问主宾，也应该问问其他客人，以示一视同仁。其他客人是多位时，可以用眼光慢慢扫视和大家做眼神交流并说“大家有什么忌口吗”。同样道理，问了领导、客人之后，也可以用这个方式问问自己的其他同事。

**怎样点菜**

多数是提前安排好菜单，客人到了就可以上菜，不耽误时间。

也有等客人到齐后再现点菜的。这种情况下，先请主宾点，当对方谦虚不点时不必勉强。然后请领导点。

点菜时要做到“突出特色，主随客便”，注意点本地特色菜、名菜、饭店招牌菜、时令菜。如客人已点了一些菜，你再点时应避免点同食材、同口味的菜，除非客人或领导有明确要求。

菜的数量，够吃就好，不应奢侈浪费。热菜数量可以控制在就餐人数加一。当然还可以适当加点冷盘小菜，这样在热菜上桌前能保持台面不空。

点选的菜肴还应注意不同食材、不同烹调法、不同口味，荤素兼具等，充分考虑到营养及膳食平衡。主食点什么，尽可能征询每位客人的意见。

除非领导要求你全权点菜，否则参与点菜或者只点其中一道菜时，不应点主菜，也不应点最贵的菜。“反正是单位掏钱，贵的不点白不点”的想法，是非常不懂事的。

如果自己是客人，点菜时不应太主动，而是请领导和主人点。不好推辞时，可以点一个不是大家忌口的、不是最贵的菜。而当主人问忌口时，尽量由自己的领导回答，不必非要真的告诉主人你有什么忌口（除非是民族或宗教禁忌），避免给主人添麻烦。

**请示领导**

即使领导明确让你做主点菜，在点好菜后，也应将所点菜名汇报给领导，经确认后再下单。这是一个必需的程序，除非事先已明确沟通好今天点哪些菜。没有领导在场，宴请客人时，则应请主宾过目后再下单。

## 了解点酒水的规则

点酒水，尽可能请资深同事或领导来点，在这方面他们应该更有经验，也更能把握尺度。由你来点的时候，应注意以下事项。

在条件允许的情况下，首先要尊重客人对酒的偏好。

酒菜搭配，遵循的原则是好菜配好酒。点中式白酒，最好从一而终，不要混喝多种酒。和菜肴不同的是，宴请不一定非得点本地酒。如果以葡萄酒配餐，除了“红酒配红肉（牛肉、羊肉、猪肉等）、白酒配白肉（鸡肉、鸭肉、兔肉、海鲜等）”，再就是依照口味来选择搭配，也就是以口味清淡的酒配口味清淡的菜、口味浓郁的酒配口味浓郁的菜。如红烧牛肉，最好配味道浓郁的红葡萄酒。

川菜的口味香、辛、辣、浓，适合搭配半甜或清爽口感的白葡萄酒；如果一定要搭配红酒，则要选择较辛辣的葡萄酒品种。而北方菜因为使用大量肉类和大麦制品，适合搭配红葡萄酒，特别是烧烤的肉类。上海菜和江浙菜的特点是丰盛的海鲜及浓郁略带甜味的酱汁，其中海鲜类菜适合配白葡萄酒，而肉类菜可以搭配法国及意大利的中等浓郁红葡萄酒。广东菜可以搭配不同的红、白葡萄酒和香槟。

和点菜一样，酒点好了，在确定之前，应请领导过目。

## 餐桌交际礼仪

和领导或者客人在一个餐桌上吃饭，绝对不能仅是“吃”，还应该有眼力见儿。

**和领导同桌礼仪**

和领导同桌，既要考虑到礼宾次序问题，还应注意适当协助、分担，尤其是对外宴请时。

敬酒，应等领导敬过之后自己再敬。

领导或客人致辞时，必须停止夹菜、认真倾听，不时以眼神注视。即使私人关系不错，也不能打断发言，当众拆台。当领导和客人说话的时候，不插话、不打断、不反驳。有必须补充的意见，应在他们说话暂停时补充。

面对来自领导、主宾或比自己明显年长者的敬酒，起身相迎是基本礼貌。

有客人的时候，照顾客人要考虑到领导的感受，不可以越位。领导没空给大家斟酒，主方的其他人员应该主动去斟酒。现场暂时没有服务员但又需要续水，主方其他人应主动去做。斟酒和续水的顺序都是先客后主、先身份高者后身份低者。

菜不够时，可以找合适时机，尽可能避开客人去和领导沟通，或和领导用眼神交流、发条微信，看是否需要加菜、加什么菜。上菜太慢、需要催菜或需要添加茶水时，下属应主动去处理，而不能等着领导去办或者催你去办。

一位领导跟我讲，有一次请单位客户吃饭。结果那天不知道怎么回事，菜上得非常慢。他见坐在上菜口的下属没主动去催，就让下属赶紧催催。没想到那位正在低头吃东西的下属头也没抬地说："×总，等会儿吧，一会儿肯定就来了。"领导一下子脸就红了，是不好意思，也是气的。经下属这么一说，好像这位领导有多贪吃似的。

另外，如果菜上齐了领导还没到，应尽可能等领导来了之后再"动手"，这是礼貌问题。时间久还没到，可以电话询问，再确认是继续等还是大家先开始。

**与客人同桌礼仪**

和客人同桌时，无形中多了一份关照客人的责任。应该在客人到齐后，大家再开始用餐。

这是因公交往的用餐，不是朋友聚会，所以提倡让菜不夹菜，敬酒不劝酒，切忌灌酒。

餐桌上要照顾好主宾，但也要适当照顾其他客人。不能只和主宾推杯换盏、谈天说地，而冷落其他客人。可以多和主宾交流，也让其他人有说话的机会。和主宾说话，可以适当地和其他客人有眼神交流，以示关照。

客人说话时，注意眼神关注，不抢话、不打断。而当客人说出有伤大雅的话时，不要表现出反感，只要不附和，提出新话题岔开即可。作为主人一方，不要主动用讲“荤段子”来调节气氛。主方的任何人都有积极沟通、交际的责任。当出现冷场情况时，应积极提出新话题来救场，并注意照顾身边的人，适当让菜、敬酒。

陪同领导时，无论是作为主方还是客方，都应跟随领导或客人发起的话题并适当参与，不能让领导和客人“单挑”，而自己只负责“嗯”“啊”“呵”和笑。

敬酒应一视同仁，至少对同桌的客人应该这样。不要左边敬了三次，右边只敬一次，让客人感觉到明显的区别对待。

面对客人的敬酒，主人一方没有不喝的道理。即使到了不胜酒力的地步，也不能简单地拒绝，可以提出以茶代酒。

客人不小心把酒杯或饮料杯碰翻，如邻近应赶紧用餐巾帮忙擦拭或者给客人递餐巾，不要表现出大惊小怪。情况严重的，招手示意服务员帮忙，但不要大声叫喊。若距离较远，就当没看见，继续谈话或进食就是对客人最大的帮助和体谅。

不要当着客人的面结账或砍价，否则会使客人尴尬。至于结账、开发票、打包等事情，下属自己解决就好，无须再当着客人的面问领导（如图 6–2 所示）。

两人及两人以上陪同客人用餐时，一般不宜只留下客人在餐桌上，应始终有一位主人在场。

## 餐桌敬酒注意先后

商务礼仪培训中，经常被大家问起餐桌敬酒的问题，不仅是基层员工，也包括管理层。谁先敬酒，酒桌上说什么，成为餐桌礼仪中被高度关注的问题。

**怎么斟酒**

敬酒之前需要斟酒。除主人和服务人员，其他宾客一般不要自行给他人斟酒。如果主人亲自斟酒，应该用本次宴会上最好的酒，宾客要端起酒杯致谢，必要时应起身站立。

图 6-2 不要当着客人的面砍价

大型宴会应该是服务人员斟酒。斟酒一般要从位高者开始，然后顺时针斟酒。不需要酒时，可以把手挡在酒杯上方，对斟酒的人说声“不用了，谢谢”。

他人为你斟酒时，也可以回敬以“叩指礼”。特别是自己的身份比主人高的时候。即以右手拇指、食指、中指捏在一起，指尖向下，轻叩几下桌面来表示对斟酒者的感谢。

酒倒多少才合适呢？中式白酒和啤酒可以斟满，以示尊重。红葡萄酒，约斟 1/3 杯；白葡萄酒，约斟 2/3 杯。

### 谁先敬酒

餐桌的敬酒分为两种，我称之为正式敬酒和非正式敬酒。正式的敬酒特指由主人、主宾在宾主入席之后、用餐之前敬。由主人先敬，同时说祝酒词。主宾随后致答谢词回复。

和新员工关系最大的是非正式敬酒，这种敬酒在正式敬酒之后就可以开始。一般按职位高低、年龄大小、宾主身份的顺序：先高后低、先宾后主。如果除主宾以外，其他人的职位、身份高低不明确、年龄也差不多，则按统一的顺序敬酒，一般从主宾敬起，按顺时针敬。

要向某位重要人士敬酒，当有领导还没敬时，新员工不宜贸然去敬。先于领导敬酒，这是越位（如图 6-3 所示）。领导没敬你先敬，你两杯酒下肚，脸红脖子粗；领导坐在那儿不动，脸都被你气绿了。

图 6-3 餐桌敬酒注意礼宾次序

敬酒时，还要注意应是在对方方便时，如对方当时没有和其他人敬酒，嘴里没有食物。

人数不多时，即使普通的客人，在主人敬酒后也可以回敬主人一杯。一般情况下，别人给你敬酒，你不要同时给对方敬酒，至少在喝过对方敬的酒之后稍作休息，再回敬。

当身份高者向自己敬酒，自己喝的不应比对方少，以示敬意。

**敬酒举止**

敬酒，讲究的是有礼有序、有来有往。无论是主人还是来宾，在自己座位上向集体敬酒时，要求首先站起身，面含微笑，手拿酒杯，并且面朝大家。

当有人向集体敬酒时，停止用餐或喝酒；提议干杯时，也要跟着端起酒杯站起身，互相碰碰杯。按惯例，敬酒不一定要喝干。非正式敬酒就是在主人正式敬酒之后，各个来宾和主人之间或者来宾之间的互相敬酒，可以说一两句简单的敬酒词。

餐桌上可以多人一起向一个人敬酒，如果不是领导或重要身份，则不能一人敬多人。

面对敬酒，酒杯举到双眼高度，等对方说了祝酒词或“干杯”之后再喝。喝完后，拿酒杯和对方对视一下，这个过程才完美。

主人亲自向你敬酒干杯后，要回敬主人，和他再干一杯。回敬时，应右手持杯，左手托底，和对方同时喝。干杯的时候，可以象征性地和对方轻碰酒杯。

出于敬重，自己酒杯应低于对方酒杯。当对方也想比你低，但你不希望这样时，可以用左手轻托对方杯底，然后快速完成敬酒。如和对方相距较远，还可以用杯底轻碰桌面的方式，以示碰杯。

**注意事项**

号称酒量不错的小魏，这次又醉了。而平时滴酒不沾的小文，居然没事。这并不是小文隐藏了实力，而是小魏“不实诚”惹的祸。小魏在餐桌上一边和客人说自己不胜酒力，一边和客人一人一杯地干了好几杯。其他客人见小魏这样豪爽，纷纷表示应该一视同仁。只过了半圈，小魏就已经趴下了。而小文，一开始就点了饮料，始终以饮料代酒。

餐桌上，酒是加强双方沟通的媒介，良好的沟通才是主体。所以餐桌上灌酒是失礼、失态，也是让人反感。

酒力实在不胜，一开始就应诚恳、明确地说明，比如说“喝不了酒，过敏”“一会儿还有事情需要处理”“最近身体不太好，医生说最好别喝酒”“马上还要开车”等。酒桌上大家最喜欢用酒攻击的，就是那种一边说不能喝，一边一口干的人。“豪爽”一会儿之后再说不能喝，就没人愿意相信了。

空腹喝酒更易醉。为避免醉酒，喝酒前可以吃些甜食或油性重的食物。萝卜丝、鱼汤最能发挥解酒效应。酒已经喝多时，多喝热汤或白开水，可以冲淡酒精浓度，帮助醒酒。

# 用餐礼仪和餐桌话题

“餐桌是个人修养的试金石。”这句话很有道理。对于刚入职的员工来说，餐桌上不一定能做到交际娴熟，但至少要做到守礼、不犯忌。

**注意个人举止**

在主宾和领导落座之后自己再坐。客人没入座，作为主人有主动邀请其入座的责任。

外套或随身携带的东西不能放到餐桌上。

在领导、年长者、主宾动筷之后再动筷。新上的菜，请主客或者领导、长者先尝，之后下属、年轻的员工才能动筷。当客人相互谦让、不下筷子时，或者新上了菜，主人一方有让菜的义务，但让菜并不意味着替人夹菜（如图 6–4 所示）。

用餐中，身体应略向前倾，胳膊肘不上桌，不要趴在桌上。

站起来夹菜是失礼的行为，远处的菜等转过来时再夹。餐桌转盘要顺时针转，新上的菜要先转到主宾面前。领导或客人在夹菜时应停止转桌。

每次夹菜后，先在自己的食碟或碗中稍做停留再夹起来吃。吃的时候避免发出吸吮或吞咽声。

图 6-4　不要替人夹菜

不可以把公勺、公筷直接往自己嘴里送。即便是自己的勺子，也不要塞到嘴里，或反复吮吸、舔食。用公勺舀食物别太满，以免流溅到其他菜盘或餐桌上。烫的食物等自然凉凉再吃，不能用嘴吹。不管筷子上是否残留着食物，都不要去舔、吸，可以用餐巾纸擦掉。

说话时最好放下筷子，不要拿在手里挥舞，更不能作其他用途，如剔牙、挠痒等。

咀嚼食物时不要说话，应细嚼慢咽。

取食菜肴时，不要有在菜盘内翻来翻去、挑挑拣拣，甚至夹起来又放回去等形为。初次取某种菜肴，一定要少量夹取。

食物残渣、骨、刺，不能直接从嘴里吐在食碟上，应用筷子或手协助。不往不用的碗里乱放东西，包括用过的餐巾纸。

餐桌上带壶嘴的水壶，在倒水后不应把壶嘴朝向他人尤其是客人或领导。

作为客人，应尽可能将所有的菜都品尝一下，即使是不爱吃的菜。桌上的餐巾布即口布，是用来擦手、擦嘴的，不应用来擦餐具、擦汗、擦脸。

尽量不在餐桌上剔牙，如实在有必要应稍侧转身且用手或餐巾遮挡。剔牙后的“物产”绝不应“二次回炉”，而是和牙签一起包进纸巾里，也不要把牙签叼在嘴里。

餐桌上不可以有吐痰、擤鼻涕等动作，以及不停地清嗓子，这些应去卫生间解决。这一点，可能很多人都觉得不必说。但从我的经历来看，有太多的人在餐厅里擤鼻涕或者吐痰，大声且不停地清嗓子更是司空见惯，让人实在没有胃口。

忍不住打喷嚏、打嗝、咳嗽时，应赶快用餐巾捂住嘴，头转向一边，事后对惊扰到的人说声“对不起”。还有一些不好的零碎动作在餐桌上也应避免，如抠鼻孔、抓头皮、抖腿、转椅子等。

另外，还要注意不在餐桌上整理个人仪容仪表。有的女士，一到餐桌上就忙起来：补妆、拨弄头发，这些都是应该在卫生间处理的。在餐桌上整理服饰也欠妥。很多人都有这些毛病：吃着吃着，就顺手把裤腿往上一拉，露出飞毛腿；或者干脆卷起袖子，一副大干一场的架势，这些都是失礼的。

**避免他人尴尬**

《世说新语》中有这样一则小故事：桓温的宴席上有个参军用筷子夹一种米和薤同蒸的菜，这种菜非常不好夹，他一下子没夹起来，同桌的人又不帮忙，而这位参军还在夹个不停，满座的人不但不帮忙，反而都笑了起来。桓温说：“同在一个盘子里用餐，尚且不能互相帮助，更何况遇到危险呢！”于是下令罢了他们的官。

餐桌上难免会发生尴尬。面对他人的尴尬，像上例《世说新语》中的诸君“都笑了起来”这种行为是欠妥的。我们要不在意、不暴露或不夸大他人的尴尬。

谁也不希望发生尴尬，毕竟挺难堪。所以看到他人的尴尬，就近可以协助的，悄悄地赶紧协助、化解；协助不了的，就当作什么都没发生。如他人弄洒酒水、汤，在远处时当作没看到，近处的应悄悄协助清理；夹菜夹不起来，要么协助，要么当作没看到；夹菜中途掉落，就当没看到；有人“排气”，即使闻到也当作不知道……这是风度和智慧的表现，当事人会在心里记住你的善意。

**说话须有度**

一句话令人笑，一句话令人跳。餐桌是特殊的交往场所，合适的语言，会对餐桌交往起到锦上添花的作用。不当的言辞，令人添堵、让人不快。

首选轻松话题。如文艺演出、旅游观光、风土人情、流行时尚、历史文化、当前热点时事新闻等。聊这些的前提是略知一二，避免瞎说。而当对方和自己的观点起冲突时，即使认为对方观点有误，也可以赞赏对方观点的独到，没必要为此争执甚至当面来个孰是孰非。如果对方在这方面有所建树，倾听则是智慧的方式。

可以选择和本行业相关的话题。如向对方请教他们行业的情况；如果对方有兴趣，也可以向对方介绍自己本行业的情况，但应审慎谈及自己的具体工作细节。

谈论共同感兴趣的话题。如果都爱好美食，就谈论美食；如果都爱好钓鱼，就谈论钓鱼心得；如果爱好收藏，可以谈谈时下的热门文玩，市场行情，自己的收藏心得，等等。

谈论故乡。知道对方的故乡后，谈论对方故乡的名景、名人、名吃，对方会非常乐意听到，也愿意谈论，其他人也会有兴趣听。

用有关菜肴的衍生话题。我说过，像菜的典故、特殊功用，都值得一说。还有菜的独特做法或不同之处，如果你知道，不妨介绍给大家，当然会很受欢迎。但提供的应该是公认正确的观点、健康积极的信息。

有些话题，餐桌上不宜说。如社会敏感话题；有异性在场时说“荤”笑话；八卦流言；有关疾病、不卫生、污染等影响食欲的话题。

因公往来中，虽说“吃”只是一种形式和媒介，但重点在于借此增进了解、沟通情感、赢得信任，但餐桌上的“说”，也不能没完没了。当他人口中有食物、酒，或者正在和其他人说话时，都应稍等，等对方有空时再和他说话。同时，说的过程中应适时停顿，以方便对方用菜或给对方让菜，不能一直让人家饿着肚子听你“高谈阔论”。

和同桌客人交流沟通，是应该做的事情。但不能只和其中个别人热情聊天，对其他人不加理睬。应是在“雨露均沾”的基础上，再有所重点。不要总和邻桌悄悄话说个没完。

作为客人，同样有些话不宜乱说，如负面点评主人所点的菜或主人一方的人或事。而当主人一方和客人聊天时，客人表现得心不在焉或总是插话、打断，也是失礼的行为。

见到饭菜时表现出亢奋的表情；或不管客人、领导有没有动筷子，自己拿起筷子就吃；吃完说“吃撑着了”甚至还拍拍肚皮，都是不稳重、失礼的表现。

有领导曾私下和我说到在餐桌上不会说话的人，特别提到曾有人在饭后说“都吃憋着了”，让主人挺不高兴。他知道对方其实是在夸主人会点菜，因此吃多了，但还是让人听着非常不舒服：我是“鳖”？这是终于“千年等一回”地宰我一次？

## 员工餐厅礼仪

有员工餐厅是幸福的，大家每天都能就近享用到干净卫生、经济实惠的饭菜。另外，这是本单位内部用餐的地方，所以有些人在餐厅用餐时，往往“原形毕露”，甚至影响其他人的胃口。今年春天某企业邀请我去培训时，请我专门讲了员工餐厅礼仪。这也说明有些员工在餐厅的举止已经到了让人难以忍受的地步。

**遵守秩序**

在规定的时间段内到餐厅用餐。饭前洗手，饭后漱口，这都是老生常谈的卫生习惯了。

遵守秩序是基本的修养要求。一个有修养的人，即使在员工餐厅这样的内部公共场所，仍会以得体的举止出现在他人面前。有秩序地进出餐厅，不要冲、跑、挤。大家都有秩序地进出，反而可以提高进、出的效率。

排队购买饭菜。加塞儿的行为不应该发生在训练有素的员工身上，不应该发生在单位餐厅里。即使有女同事或者领导，也不必请他们先购买。点头致意、快速处理是你最好的配合方式。

座位按先来后到的顺序使用。想坐他人边上或对面的空桌，应询问确认之后再坐。和同事、领导、熟人一起吃饭，自己先吃完时，礼貌地说声“请慢用”再起身离开。

爱惜食物，不随便剩饭剩菜，践行“光盘行动”从你我做起。有无法吃完的饭菜，倒进指定的地方，不能为图省事而不负责任地乱倒。倒时要轻，避免溅到桶外或者他人身上。

餐厅座位有限，不要在餐厅里不停地话家长里短、江湖传说，用餐结束应马上离开，给其他人空出地方就餐。

饭后应有擦嘴清理“战场”的习惯，不要嘴角带着饭粒、菜叶满世界展示。

用餐完毕离开座位时，清理桌上的食物残渣，如果是可移动座椅，把座椅归回原位。将餐具放到指定位置。

**举止禁忌**

餐厅是用餐的地方，必须注意个人卫生，不应有随地乱扔纸屑、吸烟等不当行为，需要吐痰、擤鼻涕时，应去卫生间解决（如图6-5所示）。

图 6-5　不要当众做让人恶心的举止

尊重餐厅工作人员，不应当着他们的面抱怨饭菜不好。如果有必要可以礼貌建议，或通过正常渠道反映，没必要非在窗口和餐厅工作人员当面争执。

不要对着他人的饭菜或公共菜盘说话，应保持一定距离并侧脸说话。

用餐时趴在餐桌上，脚踩着座位或者蹬着对面的座椅腿，边吃边抖腿，边挥舞餐具边说话等，都是不礼貌的行为。

在餐厅里说话应降低音量，不高谈阔论；更不能在餐厅里讲不健康的笑话、不卫生的内容以及影响食欲的话题。

骨、刺以及无法吃的其他东西，不要随地乱吐，可以放到餐具里或放到餐巾纸上。

吃东西或喝汤时小口吞咽，闭嘴咀嚼，尽量不发出响声。

有员工餐厅，往往意味着不可以将饭菜带到办公室解决，除非本单位明确规定可以。

## 自助餐礼仪

一位学员告诉我，她有一位朋友非常喜欢吃三文鱼。有一回吃自助餐时有三文鱼。于是这位仁兄欣喜若狂，只吃三文鱼，一直撑到嗓子眼才罢休。结果第二天，他的身体就开始不适，第三天实在受不了了，只能去医院检查。竟然是因过量食用三文鱼，导致身体无法分解、吸收而生病，现在已经一年多了，还没有痊愈。自助餐虽好，也不能贪吃啊。

自助餐，往往泛指所有自行选取食物的用餐形式。人数较多的大型活动一般用自助餐招待来宾，方便、省事，宾主两相宜。

**用餐举止**

自助餐虽然比吃正餐自由，但也有要注意的事项。

单位内部因某种活动而安排的自助餐，只要主人宣布开始就可以“动手”了，吃好后可以随时离开。

其他情况下的自助餐，到了时间随到随吃。

先在全场看看都有哪些食物，然后根据自己的饮食兴趣，有所选择。注意取菜顺序，要避免咸甜相克、吃得不痛快。

不管就餐者有多少，都应自觉维护公共秩序，讲究先来后到，按顺时针的顺序取菜。轮到自己取菜时，拿公用餐具将食物放入食盘内，然后迅速离开该菜，方便他人取用。

取菜时，不要对着公共食物说话、聊天，更不能摸甚至凑上去闻。自助餐宜本着“多次少取”的原则，也就是对感兴趣的食物先少取一点，品尝后符合自己口味的再取，吃完不够再取。看到中意的食物“让我一次爱个够”的做法，是失礼的。享用自助餐，在量力而行的前提下吃饱、吃好，取过量而剩下，是让人反感的行为。“吃不了兜着走”也不可以，这是惯例。

所谓“自助餐”，即根据自己的爱好和口味，自行挑选。所以，即使关系再熟，如果对方没有主动要求，也不应替人夹取食物。因公参加的自助餐，要注意交际的问题。这时候不能只顾自己埋头大吃，而要主动寻找机会，积极交际。找机会与主人或者来宾攀谈，和老朋友叙旧，争取多结识新朋友。

**招待客人**

如果是本单位为招待来宾组织的自助餐，员工在用自助餐的同时则多了一项任务：招待客人。

优先照顾好主宾，自助餐上也不例外。照顾主要表现在陪同就餐并适当交谈，为其引见其他客人，等等。只是要注意给主宾留一点供其自由活动的时间，不要始终伴随其左右。对于其他没人陪同的客人，应适机与其交谈、关照几句，不能让客人受到冷落。

不管怎样，都不要替人取菜，除非对方主动要求。

自助餐期间，尽可能为彼此不相识的客人多创造一些相识的机会，并且积极为其牵线搭桥，充当引见者，即介绍人。应当注意的是，在介绍他人相识前，必须先征询双方的意愿。

## 西餐礼仪

我们不懂西餐礼仪，就像外国人不懂中餐礼仪一样，不是什么丢人的事情。如果能了解西餐礼仪，在用西餐的场合，就多了一分从容。

**餐具使用**

西餐用盘子盛食物，用刀叉即切即吃。喝汤则有专门汤匙，各种不同的酒有专门的酒杯。

刀叉的基本原则是右手刀左手叉。也可以换成右手拿叉，但不宜更换频繁。有两把以上的餐刀时，由外向内依次用。刀叉拿法是轻握尾端，食指按在柄上，不可以翘着小拇指。切东西时左手拿叉按住食物，右手执刀将其切成适合进口的小块，再用叉子送进嘴里享用。

某道菜如果同时附有餐具，就用所配的餐具用餐。

说话时可以拿着刀叉，但不能挥动（如图 6–6 所示）。

不用刀时，可以右手持叉。不要一手拿刀或叉，而另一只手拿餐巾擦嘴；也不能一手拿酒杯，一手拿叉取菜。使用刀叉时，避免相互碰撞。

右手拿汤匙的柄端，食指在上，按住汤匙的柄，拇指和中指在下面支撑，汤匙的尖端部分对着自己的嘴。喝汤时，由内向外舀，每次不要舀得太满。

用餐途中想稍后再继续吃，可以把刀叉放在垫盘上呈八字形，刀刃朝内，叉尖向下。吃完一道菜或餐具可以收走时，刀叉平行摆放在垫盘上，刀刃朝内，叉尖向上（如图 6–7 所示）。

图 6-6　说话时不要挥动刀叉

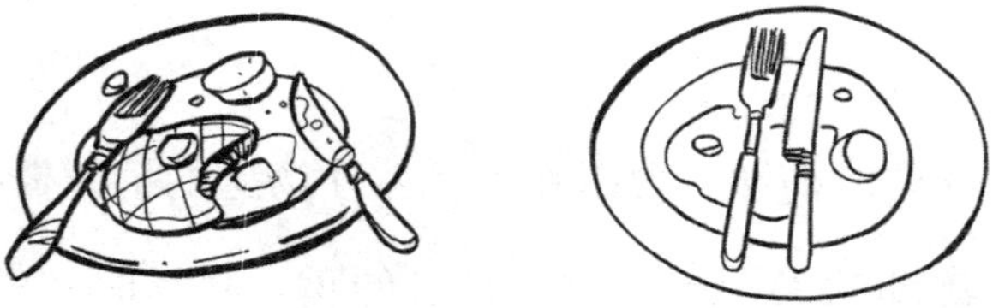

稍后继续吃　　已吃完可收走餐具

图 6-7　刀叉的摆法

正餐西餐中，需要用手解决的菜，如虾，会同时送上洗指碗。

**餐巾使用**

展开餐巾并折放的过程在桌下完成，铺餐巾的动作应该在主人之后。午餐餐巾全面展开，而大面积的晚餐餐巾，则应将餐巾往内折 1/3，让 2/3 的部分开口朝外平铺在腿上，盖住膝盖以上的双腿部分。打对折在于防止错拉餐巾，而开口朝外则是方便拿起擦拭嘴。不能把餐巾掖在腰带或领子里，也不应将餐巾垫在骨碟下面。

餐巾用来擦拭嘴、手。擦嘴时，拿起餐巾的末端顺着嘴唇轻轻压一下，弄脏的部分为了不让人看见，可以往内侧卷起。将鱼骨头或水果核吐出时，拿餐巾遮住嘴后，用手指拿出来或吐在叉子上再放在餐盘里。也可以直接吐到餐巾内，再将餐巾向内侧卷起。

用餐当中，如果用手帕或面纸而不用餐巾，反而有违用餐礼仪。虽然餐巾可以弄脏，但用来擦餐具、擦脸、擦汗甚至擦鼻涕，都是失礼的行为。

暂时离开座位，需将餐巾折好放在椅子上，不能挂在椅背或揉成一团放在桌上。用餐结束时，可以把餐巾折叠放在甜点盘左边或自己餐位的中间。

## 小提示大道理

西餐宴会的开始与结束都看女主人的动作行事。当女主人拿起刀叉，表示开始；而女主人将铺在腿上的餐巾拿起放在桌上时，表示结束。

# 第七课

# 新员工的其他职业素养

THE
SEVENTH LESSON

# 他山之石

全球最大的电信设备制造商，华为企业创始人——任正非先生在他新修订的《致新员工书》中给出了他对华为新员工的忠告：新员工应快速融入华为并最大限度地发挥出自己的真实能力。

他特别要求员工要积极、有效地既求助于他人，又给予他人支援。他认为求助没有什么不光彩的，做不好事情才不光彩，求助是参与群体奋斗的最好形式。摆正自己的位置，不怕做小角色，才有可能做大角色。

华为的成功，绝不是偶然，而是得益于每一位员工的共同努力。正基于此，任先生才在《致新员工书》中特别强调了团队合作的重要性。

对现代社会组织中的员工，要求的素养是多方面的，本课介绍的是其中重要的几点：团队合作、情绪管理、时间管理、学会自省、感恩心态、执行力……

# 团队合作让你快速成长

每年秋天，大雁都要南迁过冬，亘古不变。雁群为什么要排成“人”字形振翅高飞？因为大雁知道和同伴以这样的方式一起飞翔最省力，而且比自己单飞要飞得更快、飞得更高、飞得更久……研究表明，大雁通过“人”字形雁阵相互借势，比单雁的飞行速度竟然高出71%！大雁的杰出表现，向我们揭示出一个道理：有效的团队合作更容易成功。

初入职场，很多人还把学生时代的经验奉为至上法宝，认为只要个人努力，成绩就会好，工作中肯定也如此，于是单打独斗。事实上，工作中个人努力只是基础，还需要善于沟通与合作，仅靠个人努力很难达到最好绩效。团队合作是每一名现代职场人必备的职业素养。

**个人成长需要团队**

一个篱笆三个桩，一个好汉三个帮。个人再完美，也就是“一滴水”，“一滴水”只有在团队的“大海”中，才会永不干涸；一盘散沙磕不破一个鸡蛋，而一枚石子就可以轻而易举地为之。一群人在一起，只是团伙；而相互合作，才是高效的团队。在专业分工越来越细的今天，单打独斗难以满足现代职场的需要，团队合作则越来越重要。

每位员工都有自己独特的一面，取长补短、相互合作所产生的合力要大于单打独斗力量的总和。一个对自己团队负责的人，其实也是在对自己负责，因为你的生存离不开团队，你的利益是和团队密切相关的。只要我们在团队中一天，就应对这个团队负一天的责任。团队需要你，而你更需要团队的平台立足本职，发挥才能。（如图 7–1 所示）

团队中大家如果都自行其是，必然会出现强调困难、执行力不足，任务拖拉、敷衍了事等涣散的现象。一个不稳固的团队，大家不仅做不到互相支持配合，还会互相拆台：你工作中出现问题，我在一边看笑话；我工作中出现失误，他去领导那里告状……从而影响工作的整体进度，甚至是单位的发展。就像车链条一样，只要其中一节有问题，整个链条都不能正常运转。

所以，个人离不开团队，不仅仅是因为员工职业精神的需要，也是凝心聚力、提高效率的必然要求。

图 7-1　团队是事业成功的基础

## 少计较个人得失

2004年6月，拥有NBA历史上最豪华阵容的湖人队，总决赛的对手是14年来第一次闯入总决赛的东部球队活塞。湖人队是由科比、奥尼尔、马龙、佩顿等巨星组成的“超级团队”。但出乎意料的是，湖人队几乎没有做多少抵抗便以1：4败下阵来。湖人队的“OK组合”都觉得自己才是球队领袖，比赛中单打独斗，没有配合可言；而马龙和佩顿只是冲着总冠军戒指而来，根本没融入团队，作用甚微。缺乏凝聚力的团队如同一盘散沙，战斗力自然会大打折扣。

团队中，为了共同目标，不排除有时会牺牲一些个人利益。如果处处计较个人得失，置团队整体利益于不顾，势必影响团队战斗力，最终使个人的损失更大，就像当年的湖人队。

有时为了一项工作，需要团队成员各司其职，甚至加班加点、群策群力。如果有人觉得“做好上班时间的工作就行，其他的不管”或“我自己手头的事都没完事，不能配合”，那么项目进度就会受到影响。如果是竞标，很可能会失败；而如果是科研项目，则很难按进度完成。反过来，项目进度缓慢或竞标失败，肯定会影响每个人，包括你的利益。这次你不配合，下次你需要他人配合的时候，他人自然也不愿配合你。

适当地协助。团队中其他人忙得不可开交，你是如往常一样准时下班，还是主动关心一下是否需要帮忙，在制度允许及能力范围内适当分担一点，或提供力所能及的协助呢？

### 尽心维护人际关系

部门经理建议公司辞退小赵。小赵的工作能力其实还可以，但在来公司的半年时间里，和大家的关系却越处越僵。作为部门里学历最高的员工，小赵入职之初被领导尽心培养。他学习能力强，但对同事工作中的问题，经常语带挖苦或不屑，常常炫耀自己的学历。当众顶撞领导更是家常便饭。而集体活动，也都找各种理由不参加。时间一久，同事们对他反感至极，导致工作中不能相互合作，而部门的整体绩效还不如小赵入职之前。

作为员工，做好工作是天经地义的事，工作成绩是员工价值的直接证明。然而，单位是一个社会群体，拥有和谐的人际关系，才可能长久地创造出“1+1>2”的团队效果。所以，良好的人际关系和工作成绩同等重要。绝大多数的工作，即使个人能力再强，也难以全部撑起来。所以，漠视人际关系，不是现代社会组织的职工应有行为。即使工作能力不错，但如果和同事、领导关系处得一团糟，那么给整个团队带来的负面影响，并不是个人成绩可以弥补的。

所以，每个人都有责任去尽心维护人际关系。从自己的角度来说，应以平等协作的态度和大家相处，表现出某种优越感、傲气或心存自卑都是人际关系的大忌。平时还应通过举止、语言，表达出同事间的起码信任。信任是连接同事间友谊的纽带，是同事间相处共事的基础。

同事间的小摩擦、小隔阂，多点善意甚至主动让一步，是风度也是智慧。

工作中，在自己能力范围内多补台不拆台。

同事、领导的红白喜事，不应缩手缩脚当作不知道，但也不必张扬。

说话杜绝用质疑、责怪的语气，努力做到对事不对人。即使面对同事的坏脾气也应尽量别在意，毕竟不是每个人的脾气都如你这么好，也不是每个人都如你这么善解人意，而且对方不一定是对你有意见，可能就是这样的说话方式，或在其他方面有了委屈你只是撞上而已。

**要善于交流沟通**

最初被领导看好的小罗，来公司不到两个月就离职了。领导安排的工作，他倒是都能主动完成，但从不愿意主动和其他同事沟通，而是想当然地处理。结果工作经常返工，使得整个团队的工作进度经常因此而大打折扣。面对批评从来都不屑一顾，而且总认为完成分内的事就够了。部门内的会议，都是默不作声，但事后又喜欢负面议论。领导说，这样不懂沟通、自以为是、不融入团队的员工，现代企业不需要！

鉴于性格、阅历、知识面以及所持立场的差异，在对待和处理工作时会产生不同的看法。这时候交流就显得很重要了。善于和同事沟通，可以使自己左右逢源，更好地和同事合作。

交流沟通是协调的开始，学会不带个人感情色彩地说出自己的想法，且要学会多听他人的倾诉。经常说的话应该是“我很想听听您的意见”，沟通要保持冷静和尊重，善于交流是建立信任及配合默契的基础。

团队中对一件工作、一件事有不同意见很正常，只是务必要注意语气和表达方式，且禁忌当面不说，背后乱说。

工作中，遇事先打招呼，有疑问先了解，以减少误会，杜绝猜疑，加深理解，增强信任。有了充分沟通，执行起来才能更好地相互理解与支持。

跨部门办事，更要注意多交流、勤沟通，以获得理解、支持、配合。

沟通要养成一些好习惯，如保护他人隐私，对他人表达出理解，不议论他人短处，不炫耀自己的能力，多提建议少说主张，尊重差异，避免主观臆断，避免用指导的方式说话，等等。

同事交往中，即使对方说话的语气或方式不是你愿意接受的，也无关紧要，因为你要的是内容而不是表达方式，何况我们还是职场新人。

总而言之，尽快以职业人的状态融入团队，通过自己的努力，在团队合作中使自己快速成长，成为专业、优秀的职场精英。

## 管理情绪做自在职场人

相传成吉思汗有一次带着心爱的老鹰上山打猎。干渴难耐的时候发现一处有少量水渗出的山谷，就耐着性子用杯子接滴下的泉水。就在接满水准备喝的那一刻，杯子却被老鹰扑翻在地，如此反复两次。

成吉思汗勃然大怒，一气之下杀了爱鹰。之后当他寻往高处的水源地时才发现，原来爱鹰不让他喝水并不是出于逗弄，而是水源里有一条死去的毒蛇尸体。成吉思汗在盛怒那一刻已经被情绪“绑架”，阻断了自己合理的思考，最终酿成大错，后悔晚矣。

我们不是成吉思汗那样的大人物，但也都有在冲动之下犯错的人生经验。人是有感情的社会性动物，情绪上当然不可能做到点滴不漏。但作为职场中的成年人，在工作中应尽可能控制那些会造成不良后果的情绪，以避免不必要的失误或困扰。根据情绪产生的不同后果，可分为消极情绪和积极情绪。我们要管理的是产生不良后果的消极情绪。

**消极情绪来源**

弗农·霍华德说：“对消极的情绪有一个明确的了解，就可以消除它。”消极情绪主要有工作来源、生活来源、社会来源和自我来源四个方面。

对于上班族，消极情绪大部分源于工作，如工作压力大，被领导批评、遭到同事误解，发现不少同学工资比你高，工作失误、竞争失败……这些都会带来情绪的波动。

现代生活节奏快，生活压力大。在长辈、同学、朋友之间，在社会交往当中，或者个人身体状况等，一旦出现某些问题，同样会影响情绪。这就是生活来源。

社会来源，主要是来自社会的压力，不是某个具体的人带给你的。如住房问题还没解决好；最近物价涨得比较快；看到自然灾害的新闻，产生了不好的联想；看到了有关食品安全的新闻；最近某种流行性病毒传播得很厉害，等等。

一位老太太整天闷闷不乐：阴天担心开洗衣店的女儿没法工作，晴天担心卖伞的女儿没有生意。她的邻居得知原因后，对她说，其实阴天您可以为卖伞的女儿高兴，晴天您可以为开洗衣店的女儿高兴。听了邻居的话，老太太恍然大悟，原来问题在于自己！

自我来源，往往是由于自己的心理影响而带来的消极情绪。如看问题只看到消极一面、自卑心理、期望值过高、能力不足等，都容易致使自己产生低落、失望、信心不足等负面感受。

**消极情绪的危害**

工作中经常有些人，情绪不好时见什么烦什么，往桌上摔资料，关门时摔门，见人冷着脸，甚至无故发脾气。

恐惧、焦虑、抑郁、嫉妒、敌意、冲动等情绪，是破坏性的情感，长期被这些情感困扰就会导致身心疾病的发生。我们自古就有“怒伤肝、喜伤心、思伤脾、忧伤肺、恐伤肾”之说，生动地说明消极情绪会对身心产生负面影响。医学研究表明：情绪不好时，体内有一种叫 MKT 的细胞的活性下降，抵抗体内病毒的功能降低，从而容易产生疾病。

美国生理学家艾尔玛·辛吉斯做过一个情绪对健康有影响的实验。把一支支玻璃管插在 0℃、冰与水混合的容器里，以收集人们情绪不同时呼出来的“水汽”。研究发现，心平气和时呼出来的气凝成的水清澈透明、无色、无杂质。如果生气，则会出现一种紫色的沉淀物。研究者将这“生气水”注射到小白鼠体内，几分钟后，小白鼠竟然死了。

有一天，德国化学家奥斯特瓦尔德由于牙病疼痛难忍，情绪很坏。他拿起一位不知名的青年寄来的稿件粗粗看了一下，觉得满纸都是奇谈怪论，顺手就将其丢进了纸篓。

几天后他的牙痛好了，心情也变好了，而那篇论文中的一些奇谈怪论又在他的脑海中闪现。于是他急忙从纸篓里把它捡出来重读了一遍，结果发现这篇论文有很大的科学价值，于是马上给一份科学杂志写信推荐。这篇论文发表后轰动了学术界，该论文的作者后来获得了诺贝尔奖。

消极情绪的后果很可怕，不是容易犯错就是不利于身心健康，伤人又不利己。相反，积极情绪给我们带来的却是理智的思维和积极的行动。我们是不是应该管理好消极情绪，使之向积极的方向转变呢？做情绪的主人还是奴隶，完全取决于我们自己！

## 怎样管理情绪

唐代的谏臣魏征进谏一向直言不讳，经常使唐太宗生气动怒，甚至连杀魏征的心都有了。所以当魏征进谏时唐太宗就会频繁“出恭”，他其实并不是真的需要频繁上厕所，而是出去转一圈放放风，调节一下情绪，压抑下心头怒火，“出恭”时也会大喊：“魏征，我要杀掉你……”情绪发泄之后，再回去听魏征进谏。

但凡志向远大的人，必然是善于管理情绪的人。

情绪如潮水，有涨就有落。有人以为，情绪冲动时等待其退潮一定很难，需要巨大毅力与意志。其实在情绪的把握上，有时只需短短几分钟或几个简单的行为，就能解决问题。

转移注意力。出现情绪不佳的情况时，努力把注意力转移到自己感兴趣的事情上，如散步、看电影、唱歌、读书、玩手机游戏、打球、下棋、品尝美食、找朋友聊天倾诉、换个环境、换件自己喜欢的衣服，等等。只要是自己喜欢的事情，都有助于情绪的稳定，在平静的情绪中找到新的快乐。

适度宣泄。有情绪消极时，找到适合的方式宣泄非常必要。只要是适合自己的、有效的，且不妨碍他人的方式，就是好方式。如把不良情绪的内容写出来，或找个不打扰他人的地方喊叫，自己身体能承受的适度运动等。

一天，美国前陆军部长斯坦顿来到林肯那里，气呼呼地说一位少将用侮辱的话指责他偏袒一些人。林肯建议斯坦顿写一封内容尖刻的信回敬那家伙。斯坦顿立刻写了一封措辞强烈的信，然后拿给总统看。“对了，对了。”林肯高声叫好，“要的就是这个！好好训他一顿，真写绝了，斯坦顿”。当斯坦顿把信装进信封时，林肯却叫住他：“你干什么？”“寄出去呀。”“不要胡闹，”林肯大声说，“这封信不能发，快把它扔到炉子里去。凡是生气时写的信，我都是这么处理的。这封信写得好，写的时候你已经解了气，现在感觉好多了吧，那么就请你把它烧掉，再写第二封信吧。”

自我安慰。这其实就是一种阿Q精神。面对无法改变的现实，学会安慰自己，追求精神胜利。这种方法对帮助人们在重大挫折面前接受现实，保护自己，避免精神崩溃很有益处。所以很多人在遇到情绪问题时，经常用“胜败乃兵家常事”“塞翁失马，焉知非福”“人生不如意之事十之八九；要常思一二，不思八九”等话语自我安慰，消除抑郁，实现自我激励的目的，从而带来情绪上的稳定和安宁。

自我暗示。积极的自我暗示，不知不觉之中会对自己意志、心理以及生理产生积极影响，使我们保持乐观情绪，有自信心。如不断对自己默念“我一定能行”“不要紧张”“不许发怒”“已经到底，不会更糟了”“我是一个优秀的人，一定能管理好自己的情绪”。

冷静三思。美国临床心理学家阿尔伯特·艾利斯在20世纪50年代创立了理性情绪疗法，其核心是去掉非理性的、不合理的信念，建立正确的信念。非理性信念的特点是绝对化、过分概括化、糟糕透顶，如因为和领导争论后产生许多非理性的想法而导致情绪异常。所以要冷静下来觉察自己的情绪，明白当前所处的状态，弄清楚事情的来龙去脉，增加情绪反应的选择性。把脾气拿出来，那叫本能；把脾气压回去，才叫本事！那些压力大一点就有情绪，且不能控制，动不动就给人脸色看，这样的人如果是孩子，那是天真可爱；但如果是成年人，就是不成熟、不稳重。所以，不管处于怎样的消极情绪中，都应先暂停、中断目前的情绪并从中跳出来，让自己冷静，然后再审慎三思，理智面对当前的状况。

改变思维，调整心态。这是解决问题的理想办法，也是治本的方法。作为新员工来说，鉴于工作经验和能力，有时难免会感觉工作压力大，有情绪是不可避免的，有时甚至不能完全了解消极情绪从哪儿来。这时必须学会转换思维，反向思考问题。王安石有一首和“情绪智慧”有关的诗：“风吹瓦堕屋，正打破我头。瓦亦自破碎，岂但我血流。我终不嗔渠，此瓦不自由。”这其实就是一种思维的调整：坠瓦砸头已发生，不妨换个角度寻一些安慰，避免不必要的纠结。只要心态正确，情绪也会相对稳定，心情就会变好。可见，情绪不同往往不是由事情本身引起，而是取决于看待事物的角度。

## 时间管理让你有更多时间

教授在桌上放了一只玻璃罐，从桌子下面拿出一些正好能放进罐子的鹅卵石。教授把石块放完后问学生：“你们说这个罐子是不是满的？”“是！”大家异口同声地回答。教授笑着从桌子底下拿出一袋碎石子，从罐口倒下去并摇了摇罐子，问：“现在罐子是不是满了？”大家都有些不敢回答，一位学生怯生生地细声回答：“也许没满。”教授没说话，又从桌子底下拿出一袋沙子，慢慢倒进罐子，然后又问学生：“现在呢？”“没有满！”全班学生很有信心地回答说。教授又从桌子底下拿出一大瓶水，缓缓倒进看起来已经被鹅卵石、小碎石、沙子填满的玻璃罐。一个平常的玻璃罐就这样装了这么多东西！但如果不先把最大的鹅卵石放进罐子，也许以后永远没机会把它再放进去了。

这就像工作时间，不做适当管理怎么可能高效呢。合理安排时间，就意味着节约了时间、提高了效率，就能迅速应对纷繁复杂的环境变化，从而占据优势地位。

**你的效率究竟多高**

职场上，终日忙得晕头转向的人，不一定就是最能干的人。有些人有事时忙得昏天黑地，忙乱中频频出错，吃力不讨好；忙完手头工作又不知道该做什么，就在玩网络游戏、刷视频、闲聊中虚度工作时间。同样是 8 小时，有些人可以高品质地完成很多工作，而有些人手忙脚乱却在工作成果上乏善可陈。

“我今天很忙”是很多人经常挂在嘴边的。这里面的“忙”，其实是有不少时间花在聊天、折腾自己的私事、找文件材料、给事情归序，甚至包括准备工作上！花在工作上的时间实际上没有多少，自己的效率并没有想象中那么高。

早上 9 点准时坐在座位上，吃早点、翻各种 App、刷微信朋友圈、悄悄看几眼小视频、聊会儿天……中途手机不时响起，看手机、回复……电脑上弹出的新闻，再看一会儿……这是很多人的实际工作状态。一天 8 小时，就这样被无端耗费很多……人不是机器，当然需要休息、适当放松，只是我们不应本末倒置，而是应掌控好一个度。（如图 7–2 所示）

图 7–2　管好时间讲求效率

效率意味着在单位时间内高质量完成更多的工作，意味着速度、质量，当然也意味着自己和企业的竞争力。

**时间管理几大步骤**

对于新员工来说，有效的时间管理最好分步骤进行，我们提倡四大步骤。

计算时间。每天工作时间是有限的，我们需要在有限的时间内，估算出每项工作可能需要的时间并做调整，然后做出合理规划。同时尽可能避免把一件工作跨天、跨周甚至跨月，最好今日事今日毕。

确定工作。记录一周以来或新工作时限之内的时间安排，分析哪些不是必须在这期间要做的，把它们放到稍后的计划里。当天或最近几天要处理的，量化、细化并书面记录在清单或工作日志上来指导最近的工作，最好细化到上午或下午，甚至几点。这样做首先能让自己随时都明确手头上的任务。记录清单的另一个好处，就是每当看到长长的、要处理的工作清单，也会产生紧迫感。列清单时，尽可能把同类事情放到一起，以便一次做完。比如有一些电话需要联络，就一次性把要打的电话都打完；有几个电子邮件要发，就在一个时间段内集中发。这样处理更容易专心致志、更有效率。

排除干扰。全力以赴地工作，就必须排除不必要的干扰。这些干扰有外因也有内因。外因有桌面太乱、资料不全、电话干扰、聊天工具干扰、“不速之客”、沟通不良等。内因有欠缺自律、计划欠妥、条理不清、不良情绪、效率低、拖延等。知道了这些浪费时间的因素，有意识地克服就会为自己“抢”来更多时间。

强力执行。既然投入了精力，就一鼓作气，尽可能把每一件事情都做到更好，不留后账，避免返工——返工是非常浪费精力和时间的。再好的想法不付诸实施，也只是空中楼阁。世事变化无常，很可能随着外部条件的变化，有些想法会无法实施。所以不管工作是容易还是困难，制订计划后就应准时且全力以赴。既然其他同事也这样工作，所以即使再忙也不至于完不成，事在人为。只是作为新员工，对工作不够熟练、经验欠缺，可能需要比他人多一点努力而已。

**时间管理几大方法**

时间管理的方法有很多，我们从新员工的角度，介绍几种简单易行的方法。

安排先后。还记得前面玻璃罐的案例吗？其实时间管理就像往玻璃罐里放东西，需要安排个先后，按照“事分轻重缓急”确定先后顺序。先考虑事情的轻重，再考虑事情的缓急。首先是办重要而又紧迫的事；其次是重要但不紧迫的事；再次是紧迫但不重要的事；最后是既不重要又不紧迫的事。在做复杂的工作时，如果感觉不顺手却还一直干下去，效率不一定高。这时在“百忙”中暂停，放松一会儿并中断原来的思路，探索新的途径，或许会有更好的效果。从生理角度讲，用片刻休息把工作间隔开来，能缓解高度紧张的状态，恢复精力，磨刀不误砍柴工。而当只有一小段时间来处理工作事项时，按照前面的思路，当然应处理重要又紧迫的，且能在这一小段时间完成的事情。

计划控制。一开始，注意检查自己的时间使用状况。完成每件事后，立即记下所耗时间。连续记两周或一个月进行一次总结分析，看看自己的时间究竟花在了什么地方，并从中找出浪费时间的原因。另外，在条件允许时尽量做到“当日事当日毕”，今天的事不拖到明天，上午的事不拖到下午。工作一旦开始，就一鼓作气地完成。完成一项，接着再做下一项，这样能加快速度，并不断享受到完成任务的成就感。而且配置时间时，应留出一点机动时间，以应付计划之外的事。没有发生计划之外的事情，可以用这点时间处理第二天的工作。总之，所有事情，赶早不赶晚。

保持连续。据心理学家研究，人在专心工作或思考问题时，最好能够一气呵成，不要间断，这样不管是速度还是质量，都是最高的。因为不管什么事情致使注意力间断，总是需要一定的时间才能恢复，特别是处理复杂的工作，中途间断时恢复所需要的时间更多。所以，当需要集中精力，专心致志地思考重要问题或处理关键工作时，事先要估计可能出现的干扰，预先安排出一段相对集中的时间以保证思路的连续性。有些不必要的干扰一定要尽力避免，如私人电话、微信、视频社交软件等。不是说工作时间绝对不能进行私人联络或适当放松，而是说当忙碌时应尽可能避免。

利用工具。如电话、电子邮件、传真、语音留言系统、电脑等。比如打电话前先列出要点，以免遗漏；电话沟通时长话短说；向多人传递相同信息时，可以用电子邮件，避免浪费时间。准备一个“备忘录”，有好的设想和观点就立即记录下来。开会、谈话、讨论中的要点也应随时记录，这样能大大提高办事效率。电脑、手机上都可以设置提醒，对于重要事情可以提前设置好，以便适时提醒自己。

我自己非常受益于手机里的时间管理工具。不同手机都有这样的功能，可能是在日历里，也可能是要专门新建“日程”。我常年在全国各地培训，要沟通、要发课件、要收邮件、要看行程、高铁或航班经常要中转……只靠记性，不靠谱；书面记录在本上，不方便拿。比如11月8日10点有事情，定在11月8日9点或9点半提醒；11月10日早上9点要发课件，定在9号晚上提醒再看一下课件，再定在10号8点50分提醒发课件……我就不至于因忙其他事而遗忘。

注意检查。不要以为任何工作一次就能做得完美，有些工作需要不断完善才能做得更好，如写策划方案，可以先写一份草稿，再改，再完善。而不是希望写出的每一条都一次性完美，至少当你还是“菜鸟”的时候，肯定做不到。特别是对于处理的复杂事项，完成后趁着思路还未中断再检查、完善，这样就降低了返工的概率。

养成好习惯。据统计，一般单位的职员每年要把约六周的时间浪费在在乱堆放的东西里找东西！请检查自己的办公桌面是否整洁，桌面上是否只放了当天要用的文件和物品，文件和物品是否按固定位置存放？如果不全是，那么你每年同样浪费不少时间在寻找东西上面。所以，物品分类摆放、按序摆放，处理好的或已处理的定期做清理整理，都非常必要。

还有就像前面说过的，根据工作性质分配工作处理的先后顺序问题，以及正在工作时不看手机微信等因私社交或视频软件，利用工具及注意检查。

养成好习惯，我们都是高效、专业的时间管理高手！

## 学会自省超越自己

学员小崔私下跟我说，她可能过两个月就要辞职了。入职一年多以来，她的工资只变过两次：一次是正式入职后，另一次是正式入职满半年后。但和其他同时入职的同事相比，还是明显少很多。我建议她：听起来是有点不合理，但可以想想：如果学历和职称一样，那么你的工作效率和工作成果，和那些工资涨得比你快的同事相比怎样？工作的差错率怎样？工作完成后的反馈或汇报及时吗？新工作任务的上手速度怎么样？不管哪一项有问题，都可能是原因。如果把其中的问题改正后还不涨工资，那时再考虑辞职。

“小崔”是一种职场现象。很多员工在要求待遇时毫不含糊（当然，这是应该的），但在对工作效率、工作能力的自我要求上，却犯“糊涂”，典型的眼（睛盯着）高（收入）手（工作能力）低。

我在平时的培训中发现，不少人遇到问题时，习惯从外界找原因，很少反省自己：被批评，那是领导故意找碴儿；被冷落，那是同事妒忌；业务失败，那是客户太刺儿、公司产品不行；工作不会处理，那是太难……我认为，自省是一种难得的职场智慧，是快速提升自我的不二法门，也是必须具备的素养。鸡蛋从外部打破是食物，从内部打破是生命。所以我一直认为，作为新员工一定要学会自省，这可以帮助我们快速成长。

**自省是成长好途径**

职场中难免会遇到各种困惑，无论是来自领导、同事，还是来自客户。当面对这些困惑甚至挫折的时候，以怎样的态度或行为来对待，事关自己的职业生涯与未来发展。这时，有的人埋怨、憎恨，而有的人则是自省。有埋怨、憎恨情绪的人，觉得自己的行为或决定永远都是对的，别人的批评、指责是没事找事、故意为难他。有这种情绪的人，于事无补不说，还容易让自己沉浸在痛苦的深渊里，怨天怨地就是不怨自己，不仅使自己的态度被同事或领导怀疑，处理工作也变得感性而低效，人也会变得消极起来。

鲁迅说：我的的确确日日夜夜解剖别人，然而更多的是无情地解剖自己。苏格拉底说：不经过反省的人生，是不值得过的。

能自省的人，往往善明事理，常常表现出勇于承担责任的做事风格和自我要求严格、不断上进的精神面貌。这种人在面对困惑或挫折时，能够自省并换位思考，从中查找自身的问题或不足。

工作交往中难免会产生误解或矛盾，或遭遇不公，这时有些人本能的反应就是以牙还牙。这种方式或许能痛快一时，但会激化矛盾，使自己陷入更大困境。况且有时问题不一定出在对方身上。这时最明智的选择就是自省，找找自身的不足，然后化干戈为玉帛，给别人机会，也是给自己机会。把更多的精力放到能力提升上，在自省中鞭策自己，使自己获得更快、更大的进步，从而强大自己、超越自己。

**自省的四种方式**

曾子曰：吾日三省吾身，为人谋而不忠乎？与朋友交而不信乎？传不习乎？经常反省自己，争取做到见贤思齐，见不贤而内自省。通过自省，能很好地检讨过去，认清差距，明白得失。一定程度上，一个人最大的成功，就是通过合适的自省方式，给自己准确定位，正确认清所处的环境和拥有的平台，明白哪些该做、哪些不该做、哪里需要补足。通过自省，可以不断改造自己的世界观、人生观、价值观，从而能够更健康、更具活力地投入每天的工作、学习、生活中。

做书面记录。把每天的工作行为、工作结果，客观地记录下来。可以写在日记本、手机里、电脑上，只要方便记录和查阅就行。曾国藩是个善于自省的人，他自省的方式就是写日记。每天只要有空闲，就记心得体会，反复检查自己的思想言行，自己和自己说话，以取得心灵上的日新月异和行为上的不断进步。

反问自己。每天睡觉前自问三个问题：今天计划内的工作完成了吗？工作效率和那些老员工相比还有多大差距？工作中有没有需要改进的地方？这三个问题如同三道“紧箍咒”，会极大地增强使命感、紧迫感、危机感，并思考、指导第二天的行为。

换位思考。也就是站在对方的角度、站在单位的角度思考，这是自省当中非常重要并有效的方式。世上无难事，只怕有心人。被领导或资深同事批评，遇到工作上的难题，不应认为这是故意为难或工作不适合自己，而应自省是否自己的能力、经验不足或努力还不够。多向他人请教、多自我学习，赶紧解决问题，而不是抱怨或推脱。（如图 7–3 所示）

遇到人际关系上的矛盾，也试着把眼睛转向自己，想想自己有没有问题。如果自己是对方，遇到这样的问题又会怎么处理？被领导批评，自省自己是否有不足之处，领导批评的事情本身有没有道理？而不是只计较批评时的场合、语气或措辞。常拿放大镜看自己，用望远镜看别人，这样才能取长补短，更好地成就自己。

多倾听。倾听也是自省的一种方式，这样可以有效地获得更多信息和不同意见。很多人在工作中，他人说什么，好像是在“听”，但往往只有“听”这个动作，或者带着情绪或者没有耐心，而不是用心地听对方说什么。这样就不能真正理解、体会到对方想要表达的意思，不利于问题的解决。而当对方看到你心不在焉，也不会乐于继续和你交流。如果能做到认真倾听，情况就截然不同了，这样毫无疑问也更有利于自己的成长。

图 7-3　必须先学会自省

# 生而为人应知感恩

鸦有反哺之义，羊有跪乳之恩。感恩是中华民族传承多年的美德，懂得感恩是一个人起码的道德品质，能知感恩也是懂得真善美、分辨是非的起码觉悟要求，还能帮助个人以更加积极的方式看待他人和事物并更具亲和力，从而引发积极的行为倾向。

**感恩与健康**

身体是革命的本钱，健康是支撑职业发展的重要资源，积极的情绪有益于改善健康状况，提高自身抵抗力。

而懂得感恩的人，更容易有阳光、积极的心态和情绪，更容易有豁达宽容的胸襟。可见，感恩心态作为积极心理力量是积极情绪的重要来源。

所以，有了积极情绪将有助于产生积极的工作状态，增强我们的抗压能力，缓解消极情绪，对事对人更加豁达宽容，从而有利于我们提高健康水平。

**懂得感恩，更易快乐**

快乐并不是拥有的多，而是计较的少。

懂得感恩，会更明白饮水思源，记得别人的好，并适时地回报或表达。而那些无关原则的误解、摩擦很容易被忽略不计较。那么，我们的心里自然会更加轻松而无私。

懂得感恩，对来自工作中的负面问题、来自他人的消极情绪或负面行为，会更加审慎、客观、乐观地面对，从而将这些对自己的不良影响降到最低，也将自己消极情绪的形成因素极大减少。

懂得感恩，就少了盲目攀比，一定程度上会满足于自己能力范围内的当下。但这并不意味着停滞不前，而是会用积极健康的心态面对强者，绝不是消极地排斥或简单地无视。

**感恩与人际关系**

“以直报怨，以德报德”，“滴水之恩，当涌泉相报”。感恩是道德良性互动的润滑剂，懂得感恩，不是必须要求付出和所得的价值交换，也不是一味地索取，而是要更懂得尊重和珍惜，认识到自己的担当和责任。

所以懂得感恩，就懂得以善意且适当的方式回报。这对于个人来说，会更容易与人相处，更受他人欢迎和尊重；对于职场来讲，更容易获得身份认同，更容易被团队认可，同时会使自己对团队自觉地负有一份责任。

作为职场新人应该知道：单位给你提供了舞台、领导容忍你的过失、同事伴你一同成长……或许有些人没能提供过直接帮助，但至少没给你添乱。既然他人对我们的成长投之以桃，我们理应对单位、领导、同事，对所有交往对象感恩地报之以李。

毫无疑问，懂得感恩无论是对于个人还是职场，都有益于我们的人际关系。

**感恩与职业发展**

懂得感恩，有助于我们的健康，让我们更容易感到快乐，有益于人际关系的和谐，同时也有助于我们的职业发展。

懂得感恩，对单位的发展和变化，能以更加积极的态度回应。比如单位因发展需要对业务或发展战略有所调整，懂得感恩的人，这时往往认为自己有责任为单位的发展继续做出自己的努力，从而在工作思路上、从能力上做出相应改变、精进、提升，这也有利于自己的职业发展。

懂得感恩，对待工作往往更积极主动，面对不足会主动学习、提升自己，满足于工作需要、职业发展的需要，以努力应万变，而不是怨天尤人地躺平。

懂得感恩，必然有积极阳光的心态。面对工作上一时的挫折，比一般的人更能冷静且积极地应对；对于工作上的成就也会低调且客观地面对，不会沉溺于眼前的光环。正确面对挫折或成就的人，在职业生涯上的厚积薄发才能成为可能。

## 少抱怨多努力

在职业生涯中，努力做好本职工作是基本要求。

遇事一味抱怨而不会反省，这是很多人的通病。比如：收入不理想，工作压力大，离家远；工作任务太重，单位不近人情，领导、同事故意针对自己；工作不被客户认可，自己做得这么好，分明是客户故意找碴儿……于是，经常这样让自己陷入烦躁痛苦的死循环。

遇事不钻牛角尖，人舒坦，心也舒坦。如果遇事总是喜欢以抱怨贯穿始终，这种钻牛角尖的方式，怎么可能让自己舒坦?

**少说多做，提高竞争力**

身为新员工，往往会觉得不被重视，工作量大，任务繁重，这是因为对工作内容、形式、方式还不熟悉、不得要领。要想给领导、同事留下好印象，就要兢兢业业、尽心尽力，通过自己的努力让自己所在的单位或部门多出成绩。

每个人都希望得到别人的肯定，希望在工作中得到单位和领导的重视、客户的认可。但想得到肯定和重视并不是无条件的，关键是看有没有能力、实力。也就是说，要有让领导重视的资本和理由。最简单的做法，就是用真本领武装自己，用“做”来展示自己的能力，提升自己获得认可和被重视的职场资本。

职场中“说”是必要的，处处需要沟通。我们提倡的“少说多做”是指在职场中、工作沟通之外的“说”以少为佳。

一种是抱怨、埋怨的“说”。事情还没做就牢骚一堆；成功完成，四处说大话；遇到挫折，不断推卸责任。

另一种说，则是“语言的巨人，行动的矮子”。他们认为擅“说”就会被重视、认可。于是把精力都放在和大家套近乎上面，喊口号、表决心的音量最大、最动情，而实际行动时就“顾左右而言他”了，这种人终究会让人反感，不可能真正获得认可和尊重，难以赢得职业生涯的成功。

**带着激情投入工作**

“今天工作不努力，明天努力找工作”，这绝不是夸大之词。要想适应社会的发展并获得成功，就要扮演好自己的职业角色。无论担任什么职务，做什么样的工作，都负有相应的责任，这是社会法责也是道德法则。

任何用人单位都不是无条件收纳人员的慈善机构，既然花成本聘请，就自然需要你有一定付出并承担相应责任。工作内容自然有一定挑战性而不是简单、重复、随时可替代的机械性运动。

我们都有这样的经验——心情好的时候，干什么都特别有思路，而且既快又好。所以，如果我们能饱含感情、充满激情地工作，把工作视为深化、拓宽我们阅历和价值的途径，工作对我们来说，可能就变成既让我们生活有物质保障，又有趣的事情了。

所以，珍惜自己的岗位，充满情感、饱含激情地工作，不仅工作效率更高，对于工作中的困难更有勇气和思路去克服，而且相比只是视为谋生手段来说，这种情况下的工作，自我满足感、幸福感都会更强。这种用心工作的状态，其效率和成果，他人都能感觉得到。而这样全力以赴，假以时日，机会就能感觉到。

总而言之，身为职场新人，我们务必少一些抱怨，多一分努力。

努力的背后就是机会，机会的背后就是收获，持续努力的背后就是成就。

## 新员工也要有执行力

现代管理学者公认的是，执行力低下是现代组织管理中的重要漏洞。作为新员工务必一开始就要有执行意识，提高自己的执行力。

**成败关键在执行**

原 IBM 总裁郭士纳认为：一个成功的企业和管理者应具备三个基本特征，即明确的业务核心、卓越的执行力和优秀的领导能力。对我们新员工来说，最相关的是执行力。

员工的执行力决定了单位的兴衰成败，再好的策略、项目也只有执行后才能彰显其价值。

执行力差，不仅在贯彻企业经营理念、实现经营目标上会大打折扣，更重要的是会削弱管理者、员工的斗志，破坏工作氛围，影响单位的整体利益。

从某种意义上来说，单位是一个执行的团队，单位的团队水平主要体现在团队的竞争力上，这个团队的竞争力分解到个人就是执行。

所以，尤其作为一个企业，在方针政策正确的前提下，企业经营成败的关键就是执行力。

## 付出百分百的努力

什么是好的执行力呢？对我们新员工来讲，简单地说就是全心全意、不折不扣地立即行动。如果做不到这一点，就不可能有好的执行力。

当我们为一家单位工作，那就应该要求自己服从单位正常的工作任务安排，这是基本的职业道德。所以，在任职期间应主动、积极地努力完成领导交付的工作任务。

即使是再平凡的员工，只要在工作中付出 100% 的热忱、100% 的努力，就容易取得不俗的成绩。和那些得过且过的人相比，这样的人无疑会获得更多的机会、更多的物质回报。

在贯彻执行过程中，能完成 100%，就不应完成 99%。从长远来讲，虽然只有 1% 的差距，但差之毫厘，谬以千里。正是这 1%，可能会使前面的付出大打折扣，也可能大大降低我们的竞争力，同时还反映出不严谨的工作态度和作风。

一时的百分百贯彻执行不难做到，但要做到始终如一却是难能可贵的，这需要耐性、耐心，也需要克服急功近利的心理，而要做到这些非要付出 100% 的努力不可。不管是一线职工还是单位负责人，在职场上取胜的黄金定律之一，就是凡事都应付出 100% 的努力。

## 把尽职尽责当习惯

一贯的高效执行，不仅需要有尽职尽责的态度，还要有尽职尽责的习惯，在这个前提之下，在执行前或执行过程中，就会想方设法地提高自己的执行力，避免各种可能的误差。

高效执行的关键是准确无误。要做到这一点，就必须要有尽职尽责的习惯。有了这个习惯，平时就会注意培养和领导、同事在工作中配合的默契程度，注意提升领会领导意图的能力，以期在执行之前能准确无误地领会、理解执行的目的和意图。如果自以为是、机械地执行，那么其结果不能使人满意也就在所难免了，不可能实现高效执行。

有尽职尽责的习惯，为了更准确地领会执行意图，当接受领导的指示或安排、接受工作任务的时候，和同事进行分工的时候，就会自发自主地把自己的理解再反馈给领导或同事，有不确定的地方会请教清楚，而不是先入为主地假设性明白。这些都是高效执行的前提和基础。

有了尽职尽责的习惯，对待任何工作任务，无论大小轻重缓急，都会本能地付出百分百努力，也就都能有一个让人满意的工作结果。这样的人，就是高执行力的人，就是有职场竞争力的人，就是受用人单位欢迎的人。

## 小提示大道理

有一分修养，便有一分气质；有一分器量，便有一分人缘；有一分虚心，便有一分智慧；有一分磨难，便有一分本领；有一分经验，便有一份事业。现在每一分的积累，都是未来沉甸甸的果实。